耶稣

Jesus

名人传记丛书

耶稣
Jesus

皮波人物国际名人研究中心 编著

国际文化出版公司

·北京·

图书在版编目（CIP）数据

耶稣/皮波人物国际名人研究中心编著. —北京：国际文化
出版公司，2013.4
　　（名人传记丛书）
　　ISBN 978-7-5125-0475-2

　　Ⅰ.①耶… Ⅱ.①皮… Ⅲ.①基督 —传记 Ⅳ.①B979.9

中国版本图书馆CIP数据核字（2012）第320420号

名人传记丛书·耶稣

作　　者	皮波人物国际名人研究中心 编著
责任编辑	赵　辉
统筹监制	葛宏峰 刘　毅 刘露芳
策划编辑	周　贺
美术编辑	丁鍈煜
出版发行	国际文化出版公司
经　　销	国文润华文化传媒（北京）有限责任公司
印　　刷	三河市嵩川印刷有限公司
开　　本	700毫米×1000毫米　　　16开
	9.5印张　　　　　　　　87千字
版　　次	2013年4月第1版
	2020年9月第2次印刷
书　　号	ISBN 978-7-5125-0475-2
定　　价	23.70元

国际文化出版公司
北京朝阳区东土城路乙9号　　邮编：100013
总编室：（010）64271551　　传真：（010）64271578
销售热线：（010）64271187
传真：（010）64271187-800
E-mail：icpc@95777.sina.net
http://www.sinoread.com

目录

目录

目录

救世主的年少时光

在马槽中诞生

耶稣是基督教的创始人，也是西方伟大的圣人。他改变了西方的历史，也改变了西方人的思想观点和信仰。

耶稣的雕塑

耶稣是基督教里的核心人物，在基督教里被认为是犹太《旧约》里所指的救世主（弥赛亚）。大部分基督教教派相信他是神子和神的转世。

这个充满神秘色彩和带着伟大光环的圣人，到底都有哪些动人的故事呢？那我们还得先从他的诞生讲起。

不过，因为耶稣这个人物的特殊性，本书特意引用了《圣经》以及民间传说的一些故事，并且尽量做到客观地叙述耶稣一生的经历。

一天晚上，三个牧羊人正在乡间野外守夜看护羊群。突然，一颗耀眼的巨大新星出现在伯利恒上空，这群牧羊人当时正在屋子中讨论关于巨星的事情，忽然有人发现他们屋子前面有一道闪耀的光芒。其中一个牧羊人被耀眼的光芒吸引，急忙透过一条小小的门缝往屋子外边看，他发现了很神秘的物件，吓得大叫起来。听到叫声，在旁边的两个牧羊人立刻觉得事情不对，慌忙询问他到底发生了什么。

那个受了惊吓的牧羊人颤抖着手向屋外边指了指，他们两个同时向外望去，发现屋外的东边，有一个跟人形一样的白白的东西在动。

二人眼睛瞪得跟鸡蛋那么大，因为他们也看不清这到底是何方神圣。虽然这些牧羊人看到那个闪着白色光芒的东西很害怕，但是心中又十分好奇，所以他们哆哆嗦嗦地出了屋门，想跑过去看个究竟。

这时候正值冬季，天气冷得出奇，凛冽的寒风像剪刀似的刮得脸生疼，但是，三个牧羊人已经深深地被那奇特的光芒所吸引，他们一点寒气都没有感觉到。

正当他们逐渐接近那道光芒的时候，突然一道像飞箭似的白色的光影朝着三个人的方向袭来。三个人吓得动也不敢动，只是眼看着一种刺眼的光芒将他们全部笼罩住。此时，三个人早已经怕得要命，赶忙跪下去不断磕头。这时候，空中突然响起了一个声音，如天使般柔美而又带着仁爱的气息，那个声音告诉了他们一个让人十分震惊而又欣喜的事情，说今天就在大卫城的伯利恒，降生了一位救世主，而这位救世主就是刚刚出生在马槽里的小婴儿，他便是弥赛亚

（救世主的意思）。

此刻三个牧羊人一边听着，一边害怕得双手颤抖，他们没人敢抬起头去看他们面前说话的"人"。不一会儿，那道耀眼而又奇特的光芒突然消失了，他们的周围也再度回复了之前的平静，这时候已经是黎明了。

三个牧羊人都面带惊慌地抬起头看着彼此，都在问对方这是不是个梦，但是其中一人清清楚楚地记得刚才发生的所有细节，而且他确信他听到了那个"人"的声音。三个人此时显得很激动，他们知道，他们的好日子就要来了，因为，他们的救世主已经诞生了！

就在这件事发生之前的几千年间，以色列人中就一直流传一个预言。预言说，以色列人当中一定会诞生一位伟大的救世主，他可以带领人们走向安定祥和的新世界，不过在这之前他们必须先要忍受艰难困苦，并且保持着对天主奉献的诚挚的心。

然而现在，他们伟大的救世主终于降临了，降临在了那三个牧羊人一直都居住的山丘之下，也就是后来很著名的伯利恒村。

这三个牧羊人当中有一个人年龄很大，而且很有经验，他经历了这件奇异的事情之后，立刻觉得这是一个信号，确实是救世主诞生了，而且这也是礼拜堂的牧师经常说的话：奇迹就在身边。牧羊人他们一辈子贫穷困苦，而现在见证了奇迹，立刻感天谢地地叩拜了一番，然后就立刻行动，去伯利恒村面见他们的救世主。

伯利恒村这个地方很小，但是这一个星期不知道怎么回事，聚集了来自各个地方的以色列人。伯利恒这个地方旅店也很少，就有两三家，客人早就住得满满的，甚至连民房都挤满了人。来到伯利恒这里的，大部分人都是回故乡的旅途中不想连夜赶路，在这里稍事休息，现在竟然连马厩、羊棚这种地方都住了人。

而这就是救世主诞生在马槽里的原因所在了。因为救世主耶稣的父亲——木匠约瑟带着他的妻子，也就是耶稣的母亲玛利亚从遥远的加利利省的拿撒勒来到了伯利恒村，因为他们到得很晚，早就找不到住的地方了，所以他们夫妻二人只好暂时住在马厩里，晚上只能躺在马厩的干草上睡觉，而这时候玛利亚马上就要生孩子了。

伯利恒这种偏僻的村庄为什么会突然多出这么多人呢？原来，距离现在两千多年前的以色列被当时极为强盛的罗马帝国所征服，无奈成了罗马帝国的附属之地。后来，罗马帝国的皇帝奥古斯都下令，对以色列的百姓进行严格的人口大调查。这项调查中规定，只要是以色列的国民，无论有什么情况，都务必要回到原来的籍贯去报名登记，如有违反者，定当重罚。

所以，当时正居住在各地的不是原籍的百姓接到这个严格的命令之后，只好都涌到自己的故乡听候调查的消息。

耶稣的父亲约瑟，他就生长在伯利恒这个地方，虽然村庄不是很大，但是伯利恒却是犹太王大卫诞生的地方，它也因此而出名。伯利恒离以色列的首都耶路撒冷有 8 公里的距离，那地方盛产葡萄、无花果和橄榄等，而且景色十分宜人。

当耶稣的父亲约瑟听到罗马大帝的命令之后，慌忙携着当时正有身孕的妻子玛利亚离开了拿撒勒，他们顶着凛冽的寒风，一直向南疾行，终于在第五天的傍晚赶到了伯利恒。

虽然伯利恒一直都被约瑟当做是故乡，但是他的父母亲都已经去世，而且他在伯利恒的房子早已经卖掉，他们夫妻二人只能找个地方暂时住下。

约瑟夫妇找到了这个村子的一个熟人，在他的帮助之下，才勉勉强强找到了一间马厩。他们翻山越岭、跋山涉水，其实已经心力交瘁，但是在现在这个情况之下，本来想好好休憩的约瑟夫妇却连一条毛毯都找不到。他们万般无奈，只好找来了一些稻草铺在马厩里，这样睡觉可以舒服一些。

就在这一天的晚上，约瑟的妻子玛利亚由于生产期的临近，加上一路上奔波劳顿，睡到半夜她突然预感到自己马上就要生了。可是在马厩里的丈夫约瑟因为没有接生的经验而不知所措，后来一起住在马厩的人们帮助玛利亚接了生，玛利亚平平安安地生下了一个白白胖胖的男婴。孩子虽然降生了，但没有地方睡觉，于是大家想出了一个好办法，他们把马厩里的马槽搬过来，孩子正好可以放在里面。

到了第二天的清晨，约瑟的家乡伯利恒突然来了三位牧羊人，他们就是在半夜经历了奇异事件的那三个人。

　　他们来到这个地方四处搜寻，谁也不会料到马厩会有刚出生的小孩，所以找了半天都没有找到。当他们快要失望的时候，临走之前到了一间马厩旁边，却突然听到了婴儿的啼哭声。三个人欣喜若狂，觉得救世主就在这个地方，赶忙进去找，结果他们在马厩的马槽中找到了救世主。

　　正当三个人带着欣喜和崇拜的目光进入了马厩，盯着约瑟的孩子的时候，约瑟立刻挡在了孩子的身前，质问他们对孩子有什么目的。三个牧羊人打听这个婴儿出生的时间，当约瑟说是昨晚十一点多出生的时候，他们更是高兴地跳了起来。他们也介绍了自己的身份，并向约瑟讲述了三个人在半夜的那段神奇的经历。

　　孩子的父亲约瑟和母亲玛利亚越听越惊异，当他们讲完故事之后，二人只能张着嘴，都说不出话来了，就跟牧羊人当初遭遇奇事时一模一样。

　　牧羊人讲完故事之后，询问孩子的姓名。约瑟夫妇已经商议好孩子的名字叫耶稣。三个牧羊人听到这个名字之后，更加肯定这绝对就是以色列的救世主了，他们激动地向正在啼哭的耶稣下拜。下拜完之后，他们细心地哄着耶稣睡觉，待到耶稣安静地睡着之后，又对他进行虔诚的祈祷。

　　约瑟夫妇对这三个人的举动感到奇怪，他们在想，为什么当这三个人听到自己孩子的名字的时候，会激动不已，甚至下拜呢？原来，"耶稣"这个词，在希伯来语里的意思是"救助"，所以当他们听到耶稣的名字之后，更加确信这必定是所有人的救世主了。不过，作为耶稣的母亲，当她看到那三个牧羊人诚挚地朝拜自己儿子的时候，心里自然会有些害怕。

神秘的星灵之命

在以色列边境上的波斯（也就是现在的伊朗），很多人都在仰望天空，谈论着什么，因为他们看到了以色列深邃的天空上，出现了一颗巨大的、闪耀着明亮光芒的星星。

这时候，波斯的一些知名学者正对这件事情各抒己见，进行热烈的讨论。后来，当中有一位年迈的老博士认为，这颗星必定是好兆头，可能是以色列犹太民族的救世主降生了。

但是，很多人都在质疑这个预言，所以老博士为了能够证实这个预言的真实性，亲自挑选了三位年轻的博士从耶路撒冷出发，冲着天空星光所在的地方寻找，他们朝着以色列的方向走了过来。

三个博士始终朝着那颗星星的方向前进，行进了有几十公里的路程，走到了以色列，但是他们却没有听说有救世主诞生的消息。

后来，老博士修书告诉他们，在耶路撒冷的夜空之上，那颗闪亮耀眼的星星依然存在着，让他们继续寻找。于是三个人又鼓足勇气，继续寻找下去。

当他们询问一些犹太人这个问题的时候，他们不仅不对这种奇怪的询问感到惊奇，反而都笑着不说话。不久，这件事情就不胫而走，整个国家都知道这个消息了。

没过多久，耶路撒冷的犹太国王听说了这件事情，心中十分忧虑。希律王心想："现在我是他们的国王，但是如果真的有一个什么新的救世主诞生了的话，那么我的王位不就难保了吗？总有一天我会被赶下台的。"

希律王越想越害怕，他希望能够马上证实这些谣言是不是真的，好早点想出办法巩固自己的王位，于是他立刻把波斯的一些博士召集到宫殿，询问他们耶路撒冷的天空是否真的出现了一颗闪耀的星星，众博士都点头称是。

后来，希律王得知，这星星就处在国家的正中央，它在耶路撒冷的夜空中散发着耀眼的光芒，而且它从傍晚时分就开始发光，等到黎明的时候，比别的星星消失得早。

希律王听完这个消息之后继续追问，那颗星星出现在国家中央而且总是闪耀光芒，是不是代表此时以色列马上会有一位新的王降临？

这些博士们说话还是比较谨慎的，他们认为，如果是星辰放光，就是说以色列要有一位贤人降生。

虽然那些博士们想用"贤人"这个词把这个事实掩盖过去，但是希律王仍旧有些放心不下，打算之后用自己的办法对付犹太人。

而从希律王王宫走出来的那些博士们，也打算亲自找到这个救世主。经过调查，他们发现那颗闪着耀眼光芒的星星在伯利恒的附近闪烁着。

　　于是，他们一路寻去，随着那耀眼光芒找到了伯利恒，光芒在一处屋顶上显得更加明亮，他们认为救世主就在那里。还没有走近，博士们就听到了马厩里传来的婴儿的啼哭声。

　　顺着声音找来，他们终于在马厩里找到了婴儿。此时，众多博士都盯着眼前活泼、爱哭的耶稣，他正依偎在母亲玛利亚的怀中吃奶。

　　博士们看到玛利亚怀里的耶稣跟别的普通的婴儿没有什么分别，就对他们眼前的救世主产生了质疑，但是因为他们知道此时那颗星星依然在闪烁，所以认为这应该就是救世主了。

　　耶稣的母亲玛利亚看到这群不知道从哪里来的陌生人，就带着疑问和责备的态度询问他们这些人的来历。

　　他们坦言是来自波斯的学者，他们是受了天上那颗耀眼的星星的指引，才来到伯利恒，而那颗星星是预示着将来以色列的救世主会在这里诞生。

　　此时，玛利亚关心的只是自己的儿子，从来没有意识到这颗星星的存在，当其中的一位博士指给她看那颗闪耀着光芒的巨星时，玛利亚抬头，才发现空中竟然真的有一颗奇怪的星星散发着刺眼的白光。玛利亚立刻被眼前的景象震住了。

其中的一位博士告诉她，如果他们的占卜没有出错的话，玛利亚现在怀里的婴儿会成为救世主。这些博士是经过了千山万水、长途跋涉才来到这个地方，但是能够如愿以偿地找到这位救世主，他们的心情十分激动，便兴奋地从自己的行囊中拿出了东方的珍贵产品——香料，送给了玛利亚留作纪念，并且给予了这个诞生在星灵之下的耶稣无限的祝福与祈祷。

去往埃及避难

希律王此时已经很担忧这个人们口中的救世主的降生会对自己的地位产生威胁，他左思右想，终于想到了一个残忍的办法。他命令手下疯狂地搜索这个犹太族的新国王，只要发现是婴儿，不管是不是耶稣，统统杀掉。

约瑟夫妇听到希律王要杀婴儿的命令，十分担心。就在他们的孩子耶稣刚刚生下来的那一天，三个牧羊人跑过来说了一些稀奇古怪的话，后来又有一些来自耶路撒冷的博士前来拜访，还说了一些关于耶稣的未来的神秘预言。耶稣的父母当然不会相信，一个来自最最普通家庭的孩子将来会当上最伟大的犹太王，但是如果这种谣言不幸被希律王听到了，他会对他们和他们的孩子不利，所以他们现在的处境不是很好。每天晚上，约瑟夫妇看到自己的儿子耶稣在安静地睡着觉，心中更是为他的将来感到忧虑。

终于，过了一个星期之后，人山人海的伯利恒村安静下来了。那些由国家的各个角落赶回来接受人口调查的人，陆续地都回到了现在住的地方。

这时候，约瑟当然也想早点回到加利利省的拿撒勒去，不过，那时候的犹太人流传着一种习惯，认为女人的生育是不纯洁的，如果生的是男孩，就要在家洁身33天不能外出；如果生的是女孩，那么就要66天了。

但是现在，希律王已经下达了让他们听着都窒息的恐怖命令，夫妻二人每天都担惊受怕地过着。突然有一天晚上，约瑟告诉妻子，为了保护他们的孩子，他决定去希律王的命令到达不了的埃及。妻子玛利亚听到丈夫的这个决定之后，着实吓了一跳。她告诉约瑟埃及是很远很远的地方，他们要翻越过陡峭的山崖，穿越过无人的沙漠，走过荒无人烟的野地，这是很遥远而且充满了艰难险阻的旅途。丈夫当然也知道这路程是多么困难，但是，就是因为埃及远，才能够逃得过那个残暴的希律王的追捕。

妻子玛利亚慈爱地看着在自己怀里熟睡的耶稣，这个时候的孩子完全不知道世间的险恶，纯洁得跟天使一样，但是如果这样的天使被那些喜好屠戮的士兵杀死的话，实在让人痛心，让人舍不得。于是玛利亚咬了咬牙，为了自己的孩子，她下定决心，不管前面是什么样的艰难险阻，都要去忍耐，于是她告诉丈夫约瑟说，不管有多么艰难，为了耶稣，一定要一起逃往埃及。他们共同商议了一下，不管那些洁身的习俗，打算当天晚上，趁着大家都睡着，在希律王的士兵来之前悄悄溜走。为了不让别人产生怀疑，他们准备了两三天行程的食物和其他东西，而交通工具，他们决定等到中途的时候再买。于是，玛利亚紧紧抱着他们的儿子，约瑟拿着水袋和一些食物，怀中抱着粗毛毯，等到过了 12 点之后，趁着夜深人静，他们悄悄地离开了马厩。

冬天的风是十分刺骨的，夜晚的星星忽闪忽闪地像为他们引路似的。他们的孩子耶稣在母亲怀中睡得正香，母亲生怕他冻着，一路上都紧紧抱着他。

很快他们就走出了故乡伯利恒，但是这之后的道路开始变得很难走，离村子十几里之外的地方，都是一些荒无人烟的山路。于是，夫妻俩相互鼓励和安慰着，默默地又开始赶路。现在他们夫妻二人最怕的就是希律王如果知道他们已经逃往埃及的消息，一定会派遣士兵追杀，所以他们想尽早离开危险重重的以色列。他们一直都在急急地赶路，但是去往埃及的道路还是十分遥远，而且就算沿着路一直走下去，中间还要穿越犹他和贝尔谢巴这两个大城市。不管他们多么辛苦地赶路，赶到边境起码也要三天的时间。假如在这个时间段被抓住的话，那么他们的一切苦心都算是白费了。

这时候，耶稣的父母都同时为他祈祷，希望他能够在神的保佑下平安无事。就这样，约瑟和玛利亚一边为孩子祈祷，一边匆忙地赶路。他们只能在没人去的山顶上度过十分寒冷的夜晚，到了早上，他们也只能靠着山路上的石头，吃着早就发硬的面包当做早餐。

这种艰苦，对于约瑟来说还可以忍受，但是对于刚刚生完孩子才半个多月的玛利亚来说，无疑十分艰难和劳顿，作为丈夫的约瑟心里相当清楚这些。玛利亚穿着古代希腊、罗马人穿的皮带鞋走路，她的脚指头都磨出了大泡，一丝丝的鲜血从鞋中渗了出来。约瑟看着心爱的妻子受了这么多磨难，心中更是万分难过。

约瑟安慰玛利亚，走了这么多路程一定会很累，他们可以慢慢地走，而且现在这地方人烟稀少，不会有事的。玛利亚连忙说自己一点都不累，她见约瑟拿的行李多，想要分担他的行李，约瑟当然不肯把行李给她，还承诺她等到了好地方之后，给她买一头坐骑。这时候，耶稣睡醒了，哇哇大哭，玛利亚就一边给孩子喂奶一边跟休息的约瑟畅想之后的生活，也算得上苦中作乐了。正当他们欢快地谈论的时候，天也亮了。

就这样，约瑟夫妇马不停蹄地拼命逃往埃及。他们才走了仅仅几天的工夫，但是总觉得已经走了一两年。

在约瑟夫妇越过了以色列的边境5天之后，他们收到了令人震惊的消息。他们的国王希律王因为听到他们逃走的消息，追寻了半天也没有搜到这个未来的救世主，竟然真的命令他手下的士兵杀掉全国两岁以下的男孩。

那些小男孩还都是天真纯洁的，却被那些有着恶魔般心灵的士兵刺穿胸膛，这种行为实在令人发指！希律王的这种残忍的行径也传到了埃及，埃及的老百姓听到这个消息之后，都为那些小男孩感到惋惜，心中更是痛恨这个残暴的君主。这时候玛利亚更是抱紧了耶稣，心想如果当时他们没能逃出伯利恒，那么现在她怀中这个有着灿烂微笑的孩子估计也早遭到杀害了。

随着时间的推移，有关以色列的暴君希律王惨绝人寰的杀戮的消息也逐渐增多。当时，有些母亲见到自己的儿子要惨遭杀害，就死死护住自己的儿子，但是后来母子都遭到杀害。还有的母亲看到自己的儿子被杀，精神崩溃，也跟着自杀了。还有一些父亲，眼睁睁看到自己孩子被杀害，就用惨死儿子的鲜血涂在希律王宫殿的柱子上面，用来诅咒他早点为自己的孩子陪葬。从此，以色列仿佛变成了一个黑暗无尽的地狱。当埃及的人们再度听到暴君希律王的这些事情之后，都越来越憎恨他。

就在这时候，约瑟和玛利亚商议了一下，他们暂时不能回到故乡，因为那里实在太乱。

于是，约瑟就在埃及找了一个做木匠的活儿，但是挣不到多少钱，生活过得十分清苦。

后来，希律王终于恶人遭报，他在不停施行暴政不久之后，突然得了不治之症，死掉了。整个以色列的人民之前都在他的淫威之下生活在水深火热中，每天总是提心吊胆，现在希律王死掉了，没有一个人觉得悲痛，反而普天同庆，十分开心。

当然，希律王虽然是个暴君，但是他还是为他的孩子们准备了很丰厚的礼物。希律王死了之后，以色列的领土被分割成了三个部分。希律王将以土买、撒玛利亚、犹太这三个省给了他的长子亚基老，加利利、比利亚省给了次子希律·安提帕，第三个儿子斐里伯也分到了特拉可尼、以土利亚这两个省。虽然他的三个儿子都分到了不少实惠，但是，他们最终还是得听命于罗马皇帝任命的总督。

虽然约瑟夫妇在安定祥和而且物资丰盈的埃及避难，不过，每逢佳节倍思亲，他们时常想念自己的国家。后来，玛利亚听说希律王暴毙之后，以色列正趋于安定和平，而且自己的归乡之心一天比一天强烈。于是她告诉自己的丈夫，现在自己国家已经平静如初了，是时候返乡了。约瑟在听完玛利亚的建议之后，也认为现在正是返乡的好时机。虽然约瑟夫妇都有很强烈的回故乡伯利恒的意愿，但是后来他们听到消息说新继任的统治者、希律王的长子亚基老施行的暴政，与他父亲比较有过之而无不及，万般无奈之下，他们只好商议决定回到拿撒勒去生活。

当他们主意已定的时候，几年来的老邻居都舍不得他们，含着眼泪帮约瑟夫妇收拾行李。约瑟是个木匠，他打出来的家具都是很不错的，他把在埃及家中的一些家具送给了老邻居，带着一些不重的东西，领着他的妻儿，愉快地离开了埃及。

　　这一次，约瑟帮玛利亚买了一头毛驴。于是，玛利亚一边骑着毛驴，一边扶着耶稣让他也骑在这头驴身上，而约瑟就简单拿了一些行李，牵着毛驴，一家三口其乐融融地出发了。这时候的耶稣比之前更可爱了，也更活泼了。

　　当然，约瑟夫妇现在的心情跟之前逃亡埃及时的那种提心吊胆的心情比起来轻松愉快多了。不管他们是翻山越岭，还是穿越无边的沙漠，只要一想到马上就要回到自己的家乡，无论什么艰难都不再是问题了。

在拿撒勒生活

　　当他们回到拿撒勒的时候，约瑟夫妇开始了安定平和的生活。而他们的孩子也越来越多，家里越来越热闹。

　　耶稣一共有四个弟弟，还有两个妹妹，就这样，约瑟夫妇和他们的孩子一起幸福地生活着。

　　拿撒勒村距离希律王的次子希律·安提帕的王宫提比利亚市有大约 28 公里，向北能够看到黑门山，东边挺立着他泊山，肥沃的耶斯列平原资源十分丰富，有大量的农田和果园，而且著名的约旦河支流就是发源于此。

　　耶稣在幼年的时候，每当冬天来临之际，他喜欢远眺白雪皑皑、浮于天际的黑门山山顶。

　　在秋天的时候，橄榄树上长满了美丽的果实。

耶稣的家坐落在半山腰，长方形的屋子是用石块建造的，门前铺着细长的石垫子。耶稣小时候，他们全家只有一间卧室以及一间约瑟的工作室。随着家里人员的增多，他们才在后面增盖一间屋子。这间屋子的屋顶是平的，外面还有个石梯子，这种房屋在拿撒勒十分普遍。耶稣家的后院还有三棵无花果树，每当到了夏天，就会结很多的果实，耶稣和弟弟们就经常爬到树上摘果子吃。除此之外，他家还饲养了一两头羊，羊奶是他们家的重要饮料。

　　拿撒勒这一带很少下雨，所以每家的炉子都安置在院子旁边，一年365天都在外面做饭。

　　每当到了酷热的夏天，耶稣晚上总会睡不着觉，就跟着父亲母亲在屋顶看星星。

　　耶稣和兄弟们睡觉的时候，就在屋里的地板上铺一块薄布，他们并排着一起睡。等到了早上，再把那块布卷起来放在墙角。他们的这个房间还可以当贮藏室用，房间的角落放着装谷物的箱子，箱子旁边放着一个贮水缸。

　　拿撒勒这个地方水很少，大家都头顶一个罐子，走过一段弯弯曲曲、坎坷不平的道路，去很远的地方打水。打水的工作通常都由女人来承担，每天傍晚，耶稣的母亲玛利亚也要去打水。玛利亚还有一项很繁重的工作，就是要做很多面包。杂谷先用臼捣成粉，然后加水与油，再捏成圆形，放进炉子里烤。因为家里的人太多，所以面包烤起来相当不容易，而且涂面包的奶油也是自己制造的。

等到了冬天，每当吃完饭后，父亲约瑟都会拿自己晒的无花果干分给耶稣他们吃。耶稣的家境并不是很好，但是日子过得倒是很平安。

平时在家中，耶稣不是很喜欢说话，但是他心肠很好，又经常帮助父母做事，爱护弟弟妹妹，所以弟弟妹妹们都很尊敬他。

耶稣7岁时，到设在礼拜堂里的学校去上课，由牧师拉比教他们写字、背书、诵记古时候巴勒斯坦的历史著作等。

耶稣刚上学的时候，老师教给他们的第一课是让他们信奉神，孝顺父母。

耶稣很喜欢听牧师说犹太民族的故事。那是耶稣出生前两千年左右的故事。犹太国闹饥荒，百姓因为四处找食物，所以逃散到了各地，其中逃难到埃及的10万犹太人，经过了400年后，竟然成了埃及人的奴隶，过着猪狗不如的生活。当时出现了一位圣者——摩西，他发誓要把流落埃及当奴隶的犹太人带回自己的故乡。

在返回故乡的途中，发生了很多的奇迹，例如，摩西经过海上时波浪分开成了大路和险峻的山，为摩西让路等。古时候的犹太人有这么伟大的人引领，但是现在呢？一样是犹太人的希律王家族，不但没有值得同胞们尊敬的事迹，反而还被罗马帝国属下的总督控制来管理国家，这更让百姓产生不满。大人们都在谈论受异族压迫的种种不平和愤怒。

拉比牧师教给他们的《旧约·圣经》里记载着，犹太民族是上帝所选出来的最优秀民族，那么，为什么还会产生这么多不公平呢？这个疑问，在年少的耶稣心中一直存在着。

往日战争

拿撒勒的百姓们，最近经常三五个人聚集在一起悄悄说着什么，而且他们的脸上都流露出焦急不安的神情。

据说离拿撒勒大约20公里的加利利湖对面，有一群犹太青年团结起来反抗罗马军队，而且拿撒勒当中也有很多青年参与了这次革命，拿撒勒村子里的大人小孩都知道这个消息，为此而讨论着。

当犹太人被罗马帝国的军队打败之后，许多热血沸腾的青年为了百姓的自由和独立抛头颅，洒热血，积极地发动了好几次革命，但是他们人数不多，只是凭着自己的勇气，而没有开展策略，所以每一次都以失败告终。

罗马政府为了镇压犹太人的革命，派了很多军队进驻以色列。但是军队所有的费用都要由犹太人缴税来负担。

同样的，拿撒勒也有很多次独立革命，但是每次都没有成功。他们知道，没有深远计划的革命注定会失败，而且换来的一定是严密的监视与苛刻的税法，百姓的生活会比以前更苦，但是，革命之火仍然在各地不断蔓延着。

革命军虽然有着很深的爱国之情，但是毕竟没有接受过正规的军事训练，所以他们白天只能躲在森林里，等到夜晚偷偷地出来奇袭，击杀罗马士兵，烧毁他们的军火库，这总会让罗马军队措手不及。其实，这就是现代我们常说的游击战。

罗马军队为了镇压犹太人的暴乱，只要认为村民行动可疑，就放火烧村庄，屠杀无辜的老人与小孩。这种悲惨、恐怖的事件，不知发生了多少次。看到这种景象，耶稣那幼小的心灵深深地受到震撼。

耶稣在教堂里读过的《圣经》中说过一句话，意思是，只要是动用武力的，就必然会死在武力之下。罗马军队用武力征服犹太人，犹太人为了复仇用武力去反抗罗马军队，杀来杀去的，即使是胜利了，谁真的得到了好处吗？

对于这种事件，教堂里的老师没有提到过，耶稣也不敢问。耶稣想了半天，最后觉得这件事只有问他的父亲了。约瑟工作很忙，但是他的工作室里经常有三五个人聚集着谈话。约瑟会时不时地也放下工作和他们闲聊，所以这些事，约瑟是很清楚的。

有一年的秋天，难得下了一场大雨，那些之前被太阳晒得出现很多龟裂的农田里，终于又有了充足的雨水，土壤变得很松软，耕作起来很顺利。

在一个清爽的清晨，约瑟让耶稣准备好播种的大麦种子，跟自己一起去田里，耶稣欣然答应了。

耶稣的母亲玛利亚很早就为他们父子二人准备好中午的

面包，耶稣背着装大麦种子的袋子，父亲扛着锄头拿着面包，二人一起走到小山上的田里。

下过雨后的田地松松的，翻起土来很顺利。约瑟翻好土，耶稣就跟在后头播种，父子二人工作得很起劲。

不久天气变得很晒人，快中午的时候，约瑟放下锄头，也让耶稣停下手中的活，一起吃饭。于是父子俩都停下工作，一起在田旁的一棵橄榄树下吃起了午饭。

作为午饭的面包涂着一层厚厚的蜜奶，耶稣吃得很开心。饭后，耶稣看着倚在橄榄树下准备睡午觉的父亲，打算问他一件事情。

父亲也很奇怪耶稣的举动，睁开眼问他是什么事情。耶稣很紧张地问，革命军的事情是什么样的。

父亲只是说情况很糟糕。看来确实是这样子，父亲不打算说下去了。耶稣不死心，他继续问道："我听说村子附近之前也闹过很大很大的革命，是吗？"

父亲很震惊地回答道："是啊！你听谁说的？"

耶稣告诉父亲他是在学校里听杰比代说的。

父亲听到杰比代的名字，立刻告诉耶稣，杰比代的父亲就是在那次革命中死掉的。

约瑟考虑了一下，严肃地说："这种事情太悲惨，我本来不想让你们这些小孩知道，既然你已经知道了，就告诉你吧。那一年，大概你才两岁吧……"

父亲约瑟说的是八年前的事，跟在学校里杰比代说的有很大的出入。杰比代说革命军很勇猛，罗马士兵经常打败仗，可是父亲说的却恰恰相反。

罗马大军包围革命军的大本营，开始放火烧村，无家可归的老弱妇孺在拿撒勒流落彷徨，而年轻的男人大部分被杀，没有死的也都被卖为奴隶。等到战事平定之后，加利利省的百姓都被课以重税。

耶稣聚精会神地听父亲讲当时的情况，听得十分有感触。他问父亲罗马军队这样做是否违背了上帝的意愿？约瑟听了之后愣住了。

耶稣继续解释道："对啊！《圣经》不是说：'凡动刀的必死在刀下'的吗？也没有写可以杀不同种族的人啊！"

约瑟听了耶稣的话，并没有回答，只默默地看着耶稣。他心想，耶稣年纪这么小，竟然会有这种想法！

耶稣接着问："父亲，在犹太人当中，真的会出现弥赛亚吗？"弥赛亚——希伯来语是"救世主"的意思，后来翻译成希腊语"基督"。犹太民族古老的传说中说，犹太人中会诞生一位弥赛亚主宰世界上的一切，犹太人几千年之前就深信这种传说。

耶稣没有停下来的意思，他继续说："在学校里，很多同学都认为会出现勇猛的弥赛亚，焚烧罗马兵营、总督的官舍，所以不参加革命军是懦夫。他们还说顺从罗马士兵的犹太人没有出息，罗马士兵总是抢夺我们的财物，放火烧我们的房子……"

耶稣所说的约瑟都知道，但是这都只是大人们私底下的谈论，想不到自己的孩子也知道这些事，他缓缓地告诉耶稣："人与人互相残杀，就连同胞的衣物、房子都要抢夺、焚烧，天主是不会允许的……弥赛亚一定会出现的。但是要等到犹太人信守天主的规律，堂堂正正做人，互助互爱，向往和平……"

耶稣坚定地点点头，他觉得父亲的话很有道理。

说完这些，约瑟看了看天，觉得他们休息得太久了，就开始继续工作。耶稣听到父亲的催促，很快地站起来，打算自己翻土，让父亲播种。

父亲开玩笑地问他会不会用锄头，耶稣听后显然有些不服气。但是父子俩立刻又相视一笑，接着加紧进行农田的工作。

非凡的节日

每年的 4 月，当麦子抽穗的时候，以色列的百姓就忙着准备参加逾越节。

这是一个十分隆重而非凡的节日。不仅仅是国内的百姓，即使远在罗马、阿拉伯、希腊、埃及的所有犹太人，都漂洋过海，穿过沙漠，十分激动地回到犹太人的圣地耶路撒冷参加隆重的为期七天的朝圣典礼。

有一年的盛典，参加人数竟然超过了 270 万人，实在是热闹非凡，道路上来来往往的全是朝圣的人们。这一天，大家都身着漂亮的衣服，带着牲礼，准备好自己的粮食、帐篷、寝具等东西，坐在交通工具上开心地出发。

犹太民族每年都有三个重要的节日——"逾越节""五旬节""帐幕节"。而这些隆重的节日都各有来由。

"逾越节"的来历是这样的：在很久之前，以色列闹旱灾，很多犹太人逃荒，就跑到了埃及，后来却成为埃及人的奴隶，过着十分艰难困苦的生活。犹太人屡次想回故乡，但是当时在埃及的犹太人有 10 万之多，埃及法老一直不让犹太人出境。虽然犹太人信仰的耶和华屡次降灾祸以警告法老，但是法老仍然不肯让他们出境。

耶和华又说要击杀埃及的所有长子，上到法老的长子，下到犯人的长子，还有一切头生的牲畜，都要将它们斩尽杀绝，并且告诉犹太人必须用牛膝草蘸羔羊血，涂在门楣和门框上，才能躲过这次灾难。耶和华差遣的死神见门框和门楣的血迹，就越过那个门，不进犹太人的家。到了半夜，埃及人的所有家庭都死了长子，法老怕耶和华再降灾难，才允许犹太人出境。犹太人为感谢耶和华的恩典，每年的这一天都要庆祝，称为"逾越节"。

"五旬节"是逾越节后第 50 天举行的节日，但是耶稣死后，这个节日就改在复活节后的第七个礼拜天。还有一个叫"帐幕节"。这个来源是，在很早的时候，一次闹饥荒，犹太人四处逃难，过着流浪并且困苦的生活，为了纪念这些苦难的日子，他们定在秋天来举行纪念仪式，于是才有了"帐幕节"。这些节日当中，当属春天的"逾越节"最为盛大。

在很远的古代，犹太人使用的历法除了有现代人也使用的太阳历（依太阳的动向做的日历）之外，还有两个太阴历（以月圆缺为历法）。那两个太阴历是"教历"和"政历"。"政历"主要用于政治和农业，"教历"则用于宗教。政历的正月就等于现在的 10 月，教历的正月则等于现在的 4 月。所以，"逾越节"的意义就非同凡响了。这不但是宗教的节日，而且还是过年的日子，所以它才成了犹太民族最盛大的节日。

自从前年夏天开始的加利利湖畔的内乱，规模没有扩大，不到一年的时间就完全平静下来了。所以今年参加逾越节的加利利省人，心情很愉快。

耶稣当年 12 岁，按照当时犹太人的习惯，小孩到了 12 岁，就成为"法律之子"。住的离耶路撒冷不远的人，按例每年要前往耶路撒冷朝拜圣殿，参加庆典，约瑟准备带儿子耶稣一起去耶路撒冷。

自从知道这个消息之后，耶稣天天都高兴地盼望着那一天赶快来临。

要去朝圣的女人们，好几个月前就开始准备：做新衣、酿葡萄酒、挑选上好的无花果干，以及晒干祭坛燃烧用的香叶子等。

拿撒勒到耶路撒冷大概有 100 公里的距离，中途要停下休息三四天。

临出发的日子马上就到了。村里准备朝圣的人三五成群地结队出发。人群越聚越多，有的人牵着背行李的驴子，有的人带着祭祀用的小羊。

拿撒勒村大约有一百多人参加朝圣，犹太教教民随着乐师的节奏合唱着圣咏。圣咏是犹太教经典中所记载的对大卫王、所罗门王的歌颂。

当然，约瑟父子两个也参加到了朝圣的队伍当中。约瑟和玛利亚牵着驴子，后头跟着带小羊的耶稣和他的好友，两个人正快快乐乐地聊天。

耶稣自 12 岁以来第一次听到母亲玛利亚唱歌，只觉得她的歌声很美妙。平时为了一家大小忙忙碌碌的母亲，很少这么快乐地唱歌。

这个队伍头顶烈日，餐风饮露，翻山越岭，跨越平原。在通往朝圣的道路上，人越来越多。从来没有离开过拿撒勒的耶稣突然见到这么多人，而且都朝着耶路撒冷的方向走去，觉得十分新奇。耶稣心想，有这么多人要去朝圣，圣殿一定是富丽堂皇。事实确实是这样的，那圣殿是希律王用他的权力聚集百姓的金钱，花了 48 年时间，用大理石和黄金建造的，金碧辉煌、气势磅礴。圣殿映在夕阳中泛着金光，这简直是人间的神殿。

行人们都一边往耶路撒冷走着，一边唱着圣歌："耶路撒冷啊！我们的脚已站在你的门槛。"这歌声似乎能让人忘记旅途的疲劳。

等到很多村庄都过了之后，人数更多了，完全没有旅舍可以容纳，所以大家都自己带帐篷，就地搭起来露宿。星星闪亮的夜晚，大家围着营火一起吃晚餐，好像兄弟一般亲密。

拿撒勒的这个队伍，在第四天的早上，终于看见耶路撒冷的山峰。圣殿耸立在锡安山丘陵上如王冠一般，白色的墙壁照耀着金黄色的阳光，那景色比耶稣想象得更美、更神奇。

大家欢乐地唱着圣歌，那天正是犹太教教历正月十日。拿撒勒村人在当天来到耶路撒冷城堡的山脚下扎营。典礼要举行 7 天，大家忙着搭建帐篷、造炉子等。

圣典的第一天，大家拿着祭品前往参加。圣典完毕后，大家回到自己的帐篷里，在帐篷的入口柱子上涂着羔羊血。炉子里烤着羊肉，加上苦菜以及没有发酵过的面包。

没有发酵过的面包是用来纪念犹太人的祖先的。当时他们从埃及逃回故乡，由于很匆忙，没有时间发酵面包，就用火烤来吃，苦菜也是用来纪念当时苦难的情形的。

到达耶路撒冷的第二天，约瑟一家三口从北城门进入圣殿。约瑟背着小麦粉，玛利亚头上顶着装水果干的篮子，耶稣手牵着小羊。这些东西都是祭品，小麦粉用来请罪，水果则表示感谢神的恩赐，小羊是朝圣的人最重要的献祭品，用来证明全家信仰以色列神。

耶路撒冷城里人声鼎沸，每个人都拿着祭品。有趣的是，有人用鸽子代替小羊，这引起了耶稣的注意。圣殿前的广场上摆着很多摊位卖祭品，朝圣的人购买祭品的讨价还价声不绝于耳，更有甚者，因为价格而当众吵了起来。因为正值这个非凡的节日，所以商人才看准了这个时机，将所有的必需品都抬高到了平时价格的五到十倍。

这时候，圣殿阶梯前两侧并排站着穿白袍的祭司们，从朝圣的人们手中接过祭品。约瑟立刻奉上小麦粉，玛利亚则把水果递了上去。呈献者的态度十分恭敬，但是接受圣品的那些祭司们个个不讲道理，态度蛮横，耶稣很不服气。

就在耶稣献供做祭品用的小羊之时，接收他祭品的祭司很认真地从羊头看到羊尾，态度极其恶劣。如果耶稣献的这只小羊有细小的伤痕，那他们就说这不能献给天主，到时候就得在广场里买昂贵的小羊或鸽子来奉献。

当祭司认真检查小羊的时候，耶稣和他的父母都十分担心，不过还好后来通过了检查。

但是，让耶稣更想不通的事情发生在后边。当祭品献呈完之后，他们登上阶梯来到那名为"美丽"的圣门之前，门旁边放着一个银色的奉献箱，大家必须把碎银子放到箱子里，如果不放碎银子，就不能进入内殿。他们一家三口缴了钱后才进入了内殿，内殿有个广场，接近圣殿的梯口有唱诗班唱感恩歌。这里是朝圣者参礼的地方，最里面有道栅栏，中间有火熊熊地燃烧着。

大家一到这里就立刻排成一列，向火光熊熊的地方接近，只见一个祭司拿着锐利的刀子，对准耶稣贡献的小羊，突然刺进它的颈部。这一幕让耶稣差点喊出声来，因为他不明白这是怎么回事。之后，就有人拿着木碗接下从小羊咽喉流出来的血，拿上祭坛，用叶子蘸了血洒在祭坛的石头上。

这时候，耶稣的父母约瑟和玛利亚已经开始跪拜祷告，圣殿也响起了唱诗班的歌声，喇叭和竖琴奏出的美妙曲调，扣人心弦。

当时耶稣本打算跟着母亲玛利亚一起跪拜，但是看到自己费尽心血花费很久时间照料的小羊被残忍地杀死，他的内心充满了悲痛，眼泪一滴滴地流下来，一点感恩的心情都没有了！这时候耶稣看到祭坛的火焰熊熊地燃烧着，就好像恶魔的舌头一样。

当他们正在祈祷的时候，耶稣却独自思考起来，他在想，为什么他们做出如此残酷的事情呢？难道天主会真心喜欢这种荒唐的祭拜吗？

等到祭拜仪式完成之后，父亲约瑟就把那只已经被杀死的小羊扛在肩上，牵着耶稣的手，一起回去了。耶稣回到帐篷后，脑中还在回忆早上所发生的一切，心里总有点不能理解，一直默默地想着。

当天晚上，大家开怀地烤着羊肉，大声地畅谈，并且一起吃了一顿丰富愉快的晚餐，气氛十分活跃。但是耶稣完全没有食欲，更没有任何心情与大家聊天。

第二天，他们一家三口又去了圣殿。因为祭品的仪式昨天已经完成，所以他们只在广场上朝拜，然后走到广场四周的走廊下，听人讲道。那里有几位学问高深的长老，讲些经典中圣哲和先知的遗训，他们比拿撒勒乡下的长老有学问，大家全神贯注地恭听。

当然，他们不只是讲道，也会解答人们提出来的质疑。耶稣很喜欢这些长老，因为他很敬佩这些长老们的渊博。耶稣很认真地坐着聆听，后来他还主动向长老们咨询了一些问题。长老看到小孩请教难题有些惊讶，但还是非常仔细地回答。耶稣竟然连午饭都忘了吃，一整天都坐在那里听长老们讲道。

在这之后的三天，耶稣一直坐在长老面前，一边听他们讲的知识，一边问一些他想不通的问题。让耶稣很高兴的是，他长时间以来解不开的难题，经过长老的讲解后，都得到了答案。

就这样，七天的大典终于落下帷幕了。这时候大家都开始收拾帐篷，成群结队地唱着圣咏起身回到自己的故乡。

就在约瑟夫妇打算出发之时，他们突然发现耶稣竟然失踪了。

母亲玛利亚十分焦急，父亲约瑟安慰她说："放心好了，耶稣也许和别的队伍一起走，跟新结交的小孩在玩。"这时候玛利亚也放下了心，觉得耶稣这孩子聪明伶俐，必然是和其他少年同伴一起回去了。于是他们夫妻二人没在意，打算跟着村人一起回拿撒勒村。但是到了晚上大家搭帐篷露宿的时候，耶稣还是没有回到父母身边。

这时候他们都着急了，耶稣的父母到处找了个遍，都没有找到耶稣，他们慌忙地连夜赶回耶路撒冷。后来他们两个又在朋友家、大街小巷、圣殿等地方四处寻找，他们特别疼爱耶稣，万一耶稣有什么闪失，他们一辈子可能都不会安宁。但是他们找了一整天都找不到耶稣。

这时候玛利亚几乎绝望了，悲痛不已，突然她看到圣殿的走廊角落有一大群人。玛利亚寻思也许儿子会在那里，于是慌忙走近去看看，原来那边是老学者在讲解《圣经》。玛利亚发现她的儿子耶稣就坐在当中，正和学问渊博的长老激烈地争论《圣经》中的问题。约瑟和玛利亚见到耶稣一边听，一边问，一边答。那些都是很深的教理，没有什么学问的约瑟夫妇根本不知他们在争论些什么。

玛利亚见到儿子之后放下心来，很生气地叫儿子的名字。耶稣一见到自己的母亲正在找他，也急忙投入母亲的怀抱，母亲玛利亚责怪耶稣这么长时间不回去，害得他们很担心。

耶稣说他还有很多问题要请教这些长老。昨晚他看到他们走了之后，自己就在那里露宿，今天又来，他想等问题解决后就去追赶父母。耶稣的父母知道了情况之后，认为耶稣这么用功学习，也就没有责怪他。

这时候，长老们过来见了耶稣的父母，十分客气地说："我们生平从未碰到如此聪明的孩子，真是羡慕你们，到底是哪一位能够教他如此深奥的学问呢？我们不但没有教给他什么，竟然还从他身上学到很多东西，真是令人愧疚！"耶稣的父母听完之后慌忙说了两句客套话，但是内心更是惊异，他们看了看耶稣，觉得很迷惑。

耶稣的质疑

当参加完逾越节回来之后，耶稣比之前更沉默了，他一有时间就喜欢独自一人沉思，有时上礼拜堂借经典回来翻阅。

耶稣到底在想什么呢？

他见到了耶路撒冷辉煌的圣殿，也许那比想象中更加庄严和辉煌，可是耶稣看到的不光是这些，那些残忍的祭祀仪式和蛮横的祭司，以及他听到的那些话语，都让他失望，圣殿中那些为了赚钱而奸诈无比的商人更是让他反感。耶稣在想，难道天主真的喜欢那种血迹斑斑、残忍不堪的景象吗？

而信奉天主的那些所谓的祭司们，更是让人不齿。因为耶稣后来听人说，呈献给天主的祭品全部被祭司们拿走了，所以很多祭司都成了大富翁。他们还向圣殿广场做买卖的商人抽取重税，所以才使得货品比一般时候贵五倍，不但要分享利润，就连检查奉献给天主的小羊也要收手续费，他们这么做又是为了什么呢？

难道天主成天被这些奸诈的祭司们侍奉会很高兴？而且，杀死那些羔羊，用羔羊的血抹在祭坛上，这种残忍之至的事情真的是天主的意愿吗？这全都是天主的意旨吗？在《圣经》中，也没有写天主命令人做这些事……

在回到家乡之前，耶稣曾经多次请教博学的长老们这些问题，但他们却一直都对这个问题避而不答。

除此之外，犹太百姓经常拿起武器闹革命运动，就这么互相杀来杀去，这样做真的能解决问题吗？这些参加革命运动杀了不少罗马士兵的人，用充满鲜血的双手捧着祭品在圣殿中祈祷，最后的告词一定会是："弥赛亚，请神早日救我们吧！"犹太人从2000年前就一直这么祈祷着，可是到了现在，弥赛亚还是没有出现。不仅如此，还有饥饿、洪水、战争、传染病等问题，都困扰着犹太百姓。

这些事情，是否意味着教理的精髓完全被忽略了？早已经背离了天主的真正旨意，却还要祈祷弥赛亚能够降生，天主怎么能够答应呢？这时候，耶稣心中充满了更多解不开的疑团与质疑的声音。

开始传教生涯

声名远播

耶稣的家庭遭到了巨大的变故，因为他的父亲约瑟突然去世了。约瑟去世前的两三年身体十分虚弱，几乎什么都做不了，只能暂时在院子当中养羊、养鸡，要不就在店里跟一些朋友聊聊天。

约瑟的孩子们长大成人之后，不是结婚，就是在外地工作。家中只剩下长子耶稣、母亲玛利亚和妹妹，这之后家中比以前更冷清了。而耶稣就继承父亲的职业也做起了木匠，他的手艺很好，请他做过车轮、桌椅的人都称赞他。

耶稣失去了能随心所欲跟他畅谈宗教、政治等问题的父亲，心中很是落寞，即使是这样，他还是安慰比他更悲伤的母亲。

随着年龄的增长，玛利亚的信仰越加虔诚，每年的逾越节一定要去耶路撒冷参加朝圣，而耶稣每年也一定陪伴母亲前往。耶稣从 12 岁开始到耶路撒冷朝圣，如今已经有十几次了。

耶稣也看到了，在耶路撒冷圣殿广场的商人做买卖的态度一年比一年更嚣张、更丑陋。向丑恶的祭司呈献祭品，祭司用残酷的方法杀牺牲品（小羊、鸽子）等，耶稣更是感到厌恶，他唯一感兴趣的就是在圣殿长廊听讲道，和长老们讨论教理。

长老们也对从拿撒勒来的耶稣很感兴趣，一看耶稣在人群里，便特意请他到前面，特别亲切地招待他。当然，这时候耶稣的信仰也一年比一年更加坚定，对教义的了解一年比一年精深，他对《圣经》的讲解比一般的长老、学者竟然还高深很多。

虽然耶稣的父亲死了，但是家中的木工生意还是很不错。村里人有的请耶稣做木工，有的请耶稣帮忙解决事端，也有人来听耶稣讲解《圣经》（《旧约·圣经》）。

耶稣也十分乐意去帮助他们，他一边工作，一边用十分通俗、容易理解的话去跟他们讲经授道，当村民出现困难的时候，耶稣也替他们排忧解难，所以村民都很钦佩他。

因此，耶稣的名声家喻户晓，后来竟然连远村的长老都来访问耶稣。耶稣的名声越来越响亮，村里有人开始嫉妒他了。

那些礼拜堂的长老们，他们不但不检讨自己，反而用言语中伤耶稣："他算个什么东西，

里约热内卢的耶稣雕塑

他只不过是个小小的木匠，还讲经授道！他不过是在我们这里念念《圣经》、写写字，根本没有去耶路撒冷念过书，耶稣那一点点道听途说的学问，根本算不上教理！"

除此之外，赞成革命军的村民与实际参加革命军的村民，得知耶稣不赞成革命军，对他也没什么好感，他们时常诽谤耶稣："他就是个懦夫！罗马的士兵用枪、用刀杀犹太人时，他却高歌和平的基调。如果他真正爱国，就应该拿起武器杀罗马士兵！"虽然说这些话的只是少数人，但是有些不明事理的人被这些谣言所蛊惑。耶稣听到这些传言，既不站出来辩解，更不会对他们进行反击。

耶稣一有空余时间就修习《圣经》，而且经常独自陷入沉思。

就在耶稣30岁那一年，犹太民族每个人的心灵都受到了冲击。传说在约旦河畔出现了一位名叫约翰的传道士，这位传道士向众人讲道，他的话经常能让人茅塞顿开。

约翰的样子与平常人不是很一样，他头发又长又乱，身上披着一片骆驼毛皮，腰间系皮带，只吃蝗虫和野蜜。他每天都向群众高喊："天国近了，你们应当悔改。伟大的弥赛亚（救世主）就要出现了。"

人们听了约翰的话都欣喜若狂地跟着他一起喊，并且都在不停赞美天主。

然而约翰却很生气地说："请收起你们的赞美。因为你们的想法都是错误的，弥赛亚的出现，不是你们想象中的大喜之日，而是大祸临头的日子，你们要诚心忏悔，才能避免这场灾祸。"

这几句话一出口，人群炸开了锅，很多人都大喊，该惩罚的是罗马人，还有那些替罗马人压制他们，让他们缴纳重税的税吏。他们说犹太人应该得到宽恕。

但是约翰却告诫他们："你们又错了，天主不会分辨什么犹太人和罗马人，只有正直的人才能得到宽恕，你们赶快忏悔吧！天主的审判不分职业高低，不分种族国籍，做坏事的一律都逃不掉的。"

约翰的这些话让人们有些不满意。因为他们一致认为，犹太人是神挑选的最卓越的民族，该死的是那些欺压他们的罗马人。

不过虽然有些人不满意，还是有一部分人对他的话很动心，就向约翰寻求解决的办法。

约翰继续告诉他们："诚心忏悔你们的所作所为，有衣服穿、有东西吃的人，就应当分一些东西给没有衣服穿、没有东西吃的人。天国渐渐近了，你们不要再犹豫了。"

约翰就这样从早到晚地大声疾呼这些道理。后来，听道的人不光只是犹太人，就连罗马士兵也好奇地成了听道的群众。从此，约旦河约翰的名声传遍了整个犹太民族。

因为耶稣的木匠店里总是人来人往，所以他对约翰传教的事情也打听得很清楚。

耶稣听了约翰的传道说词之后受到触动。因为那是最近耶稣所读的《旧约·圣经》中的《以赛亚书》。传说那是800年前就流传下来的，而这与约翰所说的这些言论以及耶稣平时所想的竟然不谋而合。

耶稣不止一次地这么想，他认为天主的仁慈是不分犹太人、腓尼基人、希腊人或罗马人的，因为大家都是平等的，并不仅仅只有犹太人才是上帝的子孙，只有行为正直的人才是上帝的子孙。

约翰似乎能够看清耶稣的想法，他所讲的道跟耶稣所想的竟然完全一样，所以耶稣十分盼望能够与约翰见上一面。

坚决的内心

从拿撒勒到约旦河约翰讲道的地方，大概要有两天的路程。耶稣告别了母亲玛利亚，来到约旦河。当他刚到这里，就看到一大群人正在专心致志地听道，这些人包括了罗马兵、渔民、富人、贫苦的人们等。

耶稣看到，约翰就站在河边的高地之上，用他那豪放而嘹亮的声音在激情地讲道。约翰讲道的地方正好是交通要道，路过的人听到约翰的讲道，都被他的讲道方式所吸引，人群越聚越多。后来，耶稣感觉，约翰高喊的每一句话，都让他受到深深的触动。

约翰不停地说着他的道，他说："撒谎、欺骗、抢夺者若不赶快忏悔，不呈祭品，一周不绝食两天，天主绝不宽容，天主看得见我们的所作所为，最重要的是大家应该赶快洗心革面，痛改以往的错误。"他还说："用污秽的双手去呈献祭品，那明显是亵渎神明的表现。"

约翰的话铿锵有力，他的每一句话都深深地印在人们的心灵深处。耶稣看了看听道的人们，有的人在偷偷哭泣，有的人在眉头紧锁，而有的人则出了一身冷汗。耶稣上礼拜堂听道不知有几百次了，但从来没有看过这么诚挚的听众，更没有听过这么真实、这么震撼人心的传教。

约翰的声音十分庄严，没有一点宽恕的余地："大家不改过自新，只祈求天国早日来临，那是不可能的，全国百姓不能诚心忏悔，天国会离我们更远。"约翰的眼睛开始发光，他字斟句酌地说："你们要认真地听着，我以前在耶路撒冷圣殿接受祭司的训练，但是你们认为至高无上的那些祭司们，竟然个个丑恶、伪善。因为身份越高的祭司越能从中搜刮信徒的祭品，夺取他们不该得的财富。节日里所举行的种种仪式，都是做给大家看的。他们利用神作为赚钱的工具，他们不是神的祭司，而是魔鬼的走狗。天主大发雷霆的那一天，那些不法的祭司会最先遭到天谴，我亲眼看到祭司们腐败的生活，所以才离开那个'神圣的庙宇'。"

当听众们听完约翰的这一通话，心中立刻都产生了共鸣。有的人喝彩，有的人鼓掌。约翰说的这些话，耶稣当然更有同感。听众又开始大声呼喊，气氛十分热烈，而约翰则默默地向天祈祷，等着听众平静下来。

　　等到激动的听众缓缓地平静下来时，突然有人大声地说："那么像我们这些税吏该怎么办呢？我们会不会被天火烧死啊？"

　　约翰微微一笑，回答说："这些都没有关系，其实只要你肯悔改，不论什么样的恶人，神都会原谅的。快点觉悟吧！除了自己应得的之外，千万不要贪取不义的钱财。"

　　突然，一个士兵很嚣张地说："那么，你认为，我们要怎么样才不会受到惩罚呢？"这位士兵来势汹汹，似乎想找约翰的麻烦，想拿他治罪。

　　约翰看了一眼士兵，立刻厉声地说："你是一个士兵，所以你应该很清楚，你们士兵平时用什么手段迫害这些善良的百姓，你们求神赦免，首先就不要再迫害善良的人，也不要欺压这些百姓。"那个士兵这时候立刻蔫了，灰溜溜地走掉了。

　　这时候，约翰又开始传道，他说："大家赶快悔改吧！救世主马上就要来临，他会用圣灵与火为你们洗礼。决心悔改、认罪的人都到我的身边来，我替你们施洗。"听了约翰的话后，有好几个人走到他面前。约翰在约旦河祝福他们，带他们到水深处，让他们全身浸入水底。受洗的人们都高高兴兴地从水中出来。当耶稣看到这个情景时，决定自己也要受洗。

　　约翰看到他，认出他是耶稣，有些犹豫，想要阻拦他：

"这实在是惶恐,本来我应当受你的洗,你却要来我这里受洗吗?"

耶稣坚决地告诉他说:"你就答应我吧!不管谁受谁的洗礼,我们都应该如此。"就这样,约翰答应了他。

当耶稣受洗完毕,从水里走出来的时候,天上的云彩突然裂开,光洁的阳光照在他的身上,似乎有银白的鸽子在耶稣头顶的上空飞翔。

荒野中的顿悟

耶稣受洗之后,突然觉得自己身上有一股奇妙的力量。他离开人群,独自走到附近的荒野,在那里沉思。约旦河东岸的这片荒野只有野狼和毒蛇,从来没有人敢去。这片荒野四处都是大岩石,岩石缝长满有刺的灌木。耶稣的手和脚被刺得血痕斑斑,衣服也被刮破了。太阳不知什么时候下了山,夜幕已经降临。僻静的荒野,不时可以听到狼群的吼声。就在这样的环境中,耶稣坐在平坦的岩石上。四下里都是漆黑的,但是耶稣一点都不觉得害怕,而且感觉天主就在他的身旁。

耶稣正坐着虔诚祈祷。他用内心中的言语向天主请求,而令人惊奇的是,天主马上回答了他的问题,天主的答复耶稣不是用耳朵去听,而是用心去感受。就这样,天主的每一

耶稣虔诚地祈祷

句话都深深烙印在耶稣的心里。

于是，耶稣请教《旧约·圣经》的文辞，那些长老都不能解答的每个疑问，天主的答复都十分明确。

耶稣诚挚地追问着天主，终于都得到了答案。他明白了什么才是真正的天国；明白了什么才是人的正道；明白了天主所爱的这个宇宙，为什么有洪水、疾病、苦难；明白了人明明知错却不悔改的原因。耶稣更明白了什么是人的真正幸福；明白了天主真正喜欢的是什么样的祭品；明白了天主不只是选犹太人做神子；明白了天主对异邦人所持有的态度；明白了为钱财而互相残杀的原因；明白了父子、夫妇、兄弟、朋友、陌生人，应该怎么样相处才是对的。

而这些问题，都是好几千年来让世界上所有人都感到困惑、苦恼的问题。即使之前也有过一些人对这些问题做出答复，而且很多书上也都提出了相关的哲理，仍旧还是有很多疑问，世人没有得到肯定的答案。耶稣从幼年到30岁，总是被这些问题所困扰。

而现在，耶稣在没有人的旷野当中提出了疑问，而天主奇迹般地回答了这些疑问。

　　就这样过了大约 40 天，这期间，耶稣只一心一意地祈祷，求天主给他答案。

　　就在最后的时刻，耶稣问天主，弥赛亚会不会真的降临人间，而这个弥赛亚又是怎样的一个人？这一次，天主没有马上回答他的问题。

　　但是这是十分重要的问题，如此重大的事，不可能得不到答案。于是耶稣又拼命地祈祷。

　　没过多久，天主那严肃的语调像利刃一样刺进了耶稣的心中，耶稣激动得浑身发抖。

　　就在这 40 天当中，耶稣一直不吃不喝，身体早已经衰弱不堪，他筋疲力尽地靠在岩石上昏睡过去。在梦中耶稣梦到了三个魔鬼。

　　第一个魔鬼问："耶稣，到了现在你已经确信自己是神的儿子。如果你是神的儿子，为什么你不让这些石头变成面包呢？然后拿这些面包分给大家吃，他们一定能够相信你的话。"但是就在耶稣的梦里，耶稣严肃地答道："《圣经》上不是说过吗？人活着，不是只靠食物，而是靠神口里所说的话。"

　　这时候，第二个魔鬼牵引耶稣飞向耶路撒冷圣城，让他站在圣殿的殿顶上，在这里可以看到整个耶路撒冷，魔鬼说："你如果是神的儿子，那你为什么不从这里跳下去呢？天主一定会用手接你安全着地，这样人们更会相信你是救世主了。"

　　耶稣严厉地驳斥他说："绝对不行，因为《圣经》里写得很清楚，'不可试探你的神'。"

第三个魔鬼带耶稣飞上一座最高的山，在这里可以看到世界上的每一个国家，魔鬼说："听好了耶稣，现在只要你向我跪拜，听我的差遣，我就把世界上所有的国家都赐给你。"

耶稣十分生气，气愤地说："赶快滚开，你这个恶魔，我叫你滚到我看不见、听不到的地方去！你说的话都是不对的，《圣经》里清清楚楚地写着，'当拜你的神，只要侍奉他'。"

耶稣仍然在十分生气地斥责那个魔鬼，但是不一会儿就被自己的骂声吵醒了。他看了看周围，哪里有魔鬼，只有阳光照满了荒野之地。

耶稣有气无力地站起来，长达40天的绝食虽然让他面黄肌瘦，但是他的两眼却炯炯有神，神态庄严。

耶稣走出了旷野，来到约旦河约翰传教的地方，他没有见到给自己施洗的约翰，只有四五个人在那里不安地私下议论。

他们见到穿着破烂、胡须乱蓬蓬的耶稣，都大吃一惊。他们感到更为奇怪的是，这时候的耶稣跟第一次来到这里的约翰竟然一模一样，人们看到耶稣那消瘦的样子，就从袋子里拿出干蝗虫和野蜜请耶稣吃。耶稣一边很感激地吃着，一边想约翰每天也只吃蝗虫和野蜜。吃完之后他仍然没有看到约翰，就向他们打听约翰的去向。

他们听完耶稣的问话更吃了一惊。他们告诉耶稣约翰已经被希律王次子的军队抓走了。因为有人跑去向希律王的次子告密，说约翰是个暴徒，在煽动百姓造反。就在耶稣走后差不多 20 天之时，当时约翰正在讲道，突然来了二十多个士兵把他押走了。

他们接着说："那些凶暴的士兵押着先知约翰边拉、边打、边踢，实在狠心！有很多人跟在先知的后面走，但是那些士兵粗暴地说他们也是造反的同党，拿着鞭子追赶。听说先知被关在死海边一座监视严密的监狱里，用手铐、脚镣锁起来，听送食物去的人说，先知可能会被杀死，大家正为这件事情担心，你不是先知的弟子吗？刚才看见你的时候，那个样子十分像先知，我们还以为先知回来了呢！"

这真是一个噩耗。耶稣知道，因为谋叛罪而被逮捕关在希律·安提帕（希律王的次子）的监牢里的人，没有一个能够幸免出狱。

当耶稣从荒野中走出来的时候，心里一直想着约翰。但是现在他已经不在了，或许今后他永远不会再回来了。

耶稣坚定了决心，他心想，该是我站起来的时候了！于是，他缓缓走到约翰传教讲道的那块岩石面前，跪在地上祈祷。祷告完毕之后，他感谢了给他蝗虫和野蜜的人，决定先回到家乡拿撒勒。

神的儿子

当耶稣回到拿撒勒的家里，大家都来看望去过约旦河的耶稣，因为他已经去了很多天都还没有回来。先知约翰被捕之后，已经过去了一两个礼拜，那么耶稣到底去哪里了呢？村民每天来耶稣的木匠店铺，安慰耶稣的母亲玛利亚。

从约旦河畔出发的耶稣决定要做"福音"的传道者，他认为，越早传道，得救的人也就越多。耶稣取道往加利利省的捷径，走约旦河西岸向北，首先来到撒玛利亚省的哀嫩村，再经过加利利省的拏因村，这中间大约 24 公里的路程，从拏因村到拿撒勒有 12 公里多一点，总共 36 公里的路程，他在中途只是喝水而没有休息，就一直往前走。

耶稣这一路一直在想该先向谁讲道。最先浮现在耶稣眼前的是母亲玛利亚。于是他决定先向母亲讲道，再来传给那些每天过贫苦日子的人。因为他们都没有机会受教育，而且心地善良，十分容易信任他人。他们不会欺负别人，更不会用权力压迫他人，他们是最亲近天主的人。他们大部分都渴望有人关怀他们。

　　然而那些富人和官吏，往往不会容纳别人的意见。他们的态度傲慢无理、冷酷无情，不反省自己的错误，他们是疏远天主的一群人。

　　耶稣到了半夜的时候才回到拿撒勒的家乡，只有家里的灯光仍然亮着。

　　耶稣终于回到了家，而母亲也对他十分担忧。还好耶稣平安无事地回来，玛利亚这才放心，打水给耶稣让他洗洗。耶稣走了很长时间的沙漠，现在他全身都是泥沙。

　　见到母亲拿着洗濯的水过来，耶稣赶快站起来接。他梳洗完之后就坐在房里，玛利亚从厨房拿葡萄酒和无花果干出来。母亲用充满爱意的目光默默地看着耶稣吃东西。昏暗的灯光照在布满皱纹的母亲脸上，耶稣看了心里很难过。他心想，马上就要跟母亲分别了，真是有些不舍。

　　等到天亮的时候，住在附近的弟弟西门、雅各和邻居都过来看望他。大家都很想知道先知约翰的事情，还有耶稣那么久没有回来的原因。大家倾听耶稣谈论约旦河畔约翰传教的故事。

　　最后，耶稣说："之后，我要继承约翰遗志，到处去传教，完成天主赐给我的使命。我在旷野里绝食祈祷的时候，很清楚地听到了天主的声音。"听了耶稣的决心，大家都很吃惊。

　　这群人中，最为悲痛的就是耶稣的母亲玛利亚。从小就没有跟别人争执过的耶稣，照顾自己、安慰自己、孝顺自己的儿子耶稣，如今要离她而去了。她想，先知约翰会被关在死牢里，也许有一天自己的儿子耶稣也会……

玛利亚用围巾轻轻地擦着眼泪，耶稣看到母亲在流泪，安慰她说："母亲大人请您不要哭了，我不但是母亲的孩子，也是天主的儿子，我要完成天主赐给我的使命。我要建立一个没有悲哀、没有争执、不屈服于暴风雨、永久幸福的天国。天国不是只有天上才有，就在附近，就在每个人的心中。父母关怀自己的子女，对陌生人也要友善，有两件衣裳就送给穷人一件，有面包就分给大家吃……不要痛恨仇人，祈求天主原谅作恶多端的人。天主不喜欢人们现在的祭祀仪式。心术不正的人无论呈献多么高贵的祭品，天主也不会收纳，反而会招惹恼怒。母亲大人您是知道的，耶路撒冷那个富丽堂皇的圣殿，虽然堆积着很多祭品，但是天主却喜欢那种送一杯水给旅客的善良的人。现在的人们侍奉天主的方法大部分是错误的，我要教他们正确的方法，所以不得不离开您。我不在的时候，您一定会很寂寞，但是我走后还有弟弟西门、雅各和妹妹，他们会孝顺您的。世上有很多人更不幸，我得去安慰那些人，当那些人的拐杖。当然，我知道这是个很艰苦的工作。也许我会被人责骂，遭到别人迫害，受尽各种侮辱，但是我很清楚，我一定要离开您，是为了未来世上的天国，我非去不可。虽然道路坎坷、艰难险阻，但是我不能停止，也不能后退，我要奉献我的一生，把光明带给惶惑惊恐的人们，这些都是天主的旨意。这30年来，我幸福地生活在您的身旁，可能的话，我真想长久生活在母亲的膝下，但是，这是自私的，是违背天主的心意的。如果我走之后，母亲您暂时觉得寂寞，我希望您可以把要给我的爱，拿去给需要爱的人们。如此，您虽然失去了一个孩子耶稣，但反而得到很多孩子，这样您就不会觉得寂寞了。您觉得我说得对吗？"

玛利亚当然明白耶稣所讲的意思，觉得自己的儿子说得一点都没有错。

只是，在玛利亚听到耶稣说"我不但是您的孩子，也是神的儿子"的时候，她一下子愣住了。她立刻想到了30年前在伯利恒的马厩里耶稣出生时的种种奇迹。

耶稣在出生的那天早晨，三位陌生的牧羊人来访，说天主告诉他们这里诞生了一位救世主，而这不久，又有自称从东方来的博士也说，这个生在奇异星光下的婴儿将来会成为圣人，临走之前还送了珍贵的香料，然后残忍无比的希律王残杀很多婴儿，她跟丈夫约瑟抱着耶稣逃到埃及。玛利亚想起这30年的种种，忽然觉得耶稣确实是个不可思议的孩子。

玛利亚开始怀疑，神的儿子真的会诞生在他们这样的穷人家里吗？耶稣是吃自己的奶长大的，也和别人家的孩子没什么区别，只是比别人聪明老实。这30年来，他没有做过惊天动地的大事，而且在到先知约翰那里听道之前，他也是很努力地做木匠的工作，和普通的百姓一样为一日三餐而生活。但是为什么听道回来之后，他突然说自己是神的儿子呢？

这些事情细细想起来，玛利亚越来越觉得糊涂了。当然不只是玛利亚，邻居、兄弟以及附近的居民也都吓坏了。

　　耶稣的弟弟西门问道："哥哥，你真的打算离家而去了？"

　　耶稣坚定地回答："是的，那是天主赐给我的使命。"

　　"但是，你的木匠工作和家人的生活该怎么办？"

　　耶稣安慰他说："我的弟弟，不用担心，你们每天只想到工作，这毕竟是不对的，看看草原上的狐狸、兔子，它们用不着耕作还是能活，你们只要认真地工作，不奢侈浪费，绝对饿不死的。人活着，不只是光靠着饮食，最重要的还是心灵，我要引导世人向善，为了救世人，所以我要离开家。"

　　接着，耶稣的弟弟雅各好奇地问他什么叫神的儿子？耶稣告诉他，这不是三言两语就说得清楚的，让他只要想一想自己刚才所说的话就好了。

　　耶稣又找到弟妹们说道："当我不在家的时候，你们要好好孝顺母亲，不只要对母亲一个人好，对所有的老人和身体残废的人，也都要像对待自己的母亲一样，要发自内心地去爱他们。"

　　后来，耶稣回家之后说的这些话传遍了全村。

　　刚开始，大家听说耶稣想献身传教都觉得十分有趣，但是当他们听到他自称是神的儿子时，又嗤之以鼻。听了耶稣所讲的话，礼拜堂的长老们都大发雷霆："这实在是太不像话了！他不是木匠约瑟的儿子吗？他竟然混蛋到连耶路撒冷的大祭司也骂起来了，总有一天他会遭天谴。如此可恶的人，绝对不能再让他进入神圣的礼拜堂。"

就在第二天的清早，当耶稣的家人还在睡觉的时候，他就悄悄地爬了起来，借着微弱的星光，开始用清水洁身，然后跪在地上祈祷。祈祷完成之后，他悄悄地离开了家，朝着加利利湖北部出发了。

踏上传教的旅程

耶稣计划去往迦百农，因为迦百农是加利利湖靠北的一个小渔村，在拿撒勒东北方大概 40 公里的地方，而且住的都是贫民。

当耶稣旅途中经过迦拿的时候，天已经亮了，从那里翻过小山，在山上看到的就是马加丹商城。从邻近的四周搬运蔬菜、水果、布料到马加丹做生意的商人很多，街上显得十分热闹。沿加利利湖畔往迦百农的是一条平坦而清洁的道路。

加利利湖景色如画，湖长大约 20 公里，最宽的地方有 12 公里。湖的南端是约旦河的发源地，向南流入死海。

迦百农是湖畔的小渔村，同时也是加利利湖畔各村落的渡船口，平时来往的乘客很多。

在村子里，到处都可以看到晾开的渔网，走在路上都是鱼腥味。

这时候大家都在忙忙碌碌地工作，耶稣走在人群中，完全没有人注意到他。这里是渡口，旅行的、做买卖的、杂技团、传教士等每天来往的人很多。

耶稣注意到树下有一位强壮的年轻人正在补网，于是快步走上前去跟他打招呼，他的名字叫彼得，他看见温文尔雅、风尘仆仆的耶稣时，心里觉得他八成会是传教士。

这时候太阳就快下山了，耶稣微笑地告诉彼得说他想暂时待在此地，询问他住宿的地方。彼得说如果耶稣不介意的话，可以到自己的家中做客，他的母亲一定会很高兴。这时候刚好有位十五六岁的少年拉着鱼笼子走了过来，原来是彼得的弟弟安得烈。

彼得告诉弟弟说耶稣今晚想要住在他们家，让弟弟先带耶稣回家见见他们的母亲，等他补好渔网就回去。于是，弟弟安得烈向耶稣点点头，带着他先回家。

彼得家比耶稣家还要简陋，他的老母亲看到耶稣很高兴："请您不要客气，这里是乡下，所有的东西都简单，希望您今晚住得不要太不舒服！彼得虽然年轻，却是迦百农最好的渔夫。别的好东西没有，鱼却很多。"老母亲在初次见面的耶稣面前夸赞自己的儿子，耶稣也跟着笑起来。看着老太太的年龄，似乎跟自己的母亲年龄不相上下，耶稣不禁怀念起母亲来。

老太太打了盆洗脚水要替耶稣洗脚。耶稣慌忙拒绝，要自己动手洗。

老太太却说从来没有看过自己洗脚的男人，非要帮耶稣洗脚。后来耶稣听说，老太太不是彼得的亲生母亲，而是他的岳母。当天晚上，耶稣看到彼得很体贴和关怀老太太，觉得彼得是个很好的人。

吃完晚饭之后，彼得谈起先知约翰。他询问耶稣是否认识一位先知叫做约翰的，耶稣说认识，而且自己还到约旦河听过他讲道，受过他的洗。

彼得听完之后吓了一跳，赶忙又问："约翰传教说，弥赛亚最近会显现，真的有这回事吗？"

耶稣马上说道："这当然是真的，先知约翰是真正的先知。弥赛亚已经显现在人群中，只是还没有人注意。不过这个弥赛亚不是古书上写的那样，有着超人的力气，还可以一下子打倒恶人。他已经出现在人群中，准备传布天主的真理给世人，但是因为太接近群众，所以没有人知道他是弥赛亚。如果大家用真诚的心来听那个人传教，不久后就会发现他是真的存在的。"

彼得的岳母听到了耶稣的话，还是有些不大了解，于是问道："那位弥赛亚要到什么时候才能赶走罗马军队，还我国家的自由呢？"

耶稣立刻告诉他们说："你们的这种想法不正确，因为弥赛亚是不憎恨恶人的，虽是敌人，也该爱他们，这才是弥赛亚。"

"但是，罗马人杀死那么多犹太人，还抽重税来折磨我们，有罗马人统治，犹太人就永远不会好过的。"

耶稣笑了笑说："确实，有很多人跟你的想法是一样的，那是因为之前的传教士和祭司们没有把天主的真理传给你们，反而教你们错误的想法，天主的爱不分国籍、善恶，他的爱是平等的。其实，天国就在人们的心中，天国不在遥不可及的地方，天国就在身旁，正直有爱心的人就能看到天国，而那些心怀不轨的人永远看不到天国的存在。"

彼得越听越糊涂，他使劲摇着头问道："那么说我们就不能憎恶残忍的罗马士兵了吗？难道罗马人和税吏也都能看得到天国吗？您说的我越来越不明白了！"

耶稣耐心地解释："你说得很正确，纵然是罗马人，咱们也不可以去憎恨，我们要爱自己的敌人，给那些敌人祈祷。那些污蔑犹太人的罗马士兵、诈骗税金的税吏，如果他们知道忏悔，能够真正悔改，还是能看见天国的。行善事的要有一颗诚挚的心，这样才是天主能够接纳的。"

彼得越听越觉得耶稣说得很对，他专心致志地听着，不知不觉入了迷。当他听完耶稣的讲道之后大声地说："这是我第一次听别人这么讲道，您说得实在是很有道理，我很佩服！不过我还有很多的问题要向您请教，现在已经很晚了，您估计也很累了，那么我明天再继续听教！"

耶稣知道彼得听懂了他说的道理，十分欣慰，他很激动地告诉彼得："我这次来到这里就是要宣扬天国的存在，告诉人们天主的真理，不管是明天还是后天，或者是十几天，这都没有关系，我们可以慢慢地谈。"

于是大家都很有礼貌地道别，之后分别睡觉去了。

怀着仁爱的心

耶稣还有一个很小就养成的习惯，就是早起，大部分的贫苦人家都知道早睡早起。因为早睡可以节省一些灯油，早起可以多干一些活儿。

但是很多牧师，他们在自己的身份地位提高后就很晚才起床，往往早上 10 点才开始工作。像这样告诫大家要勤勉的牧师，竟然不知道以身作则，实在是让人不齿！但是大家一致认为，牧师是伟人，当然可以有些例外了。耶稣认为这种作风是很不好的，因为任何事情都要以身作则才对。

在彼得的家里，耶稣是最早起床的。不管彼得怎么劝，他还是天刚微亮就跟大家一起去湖边。渔民比普通的百姓、商人都起得早，天还没亮就出门到湖上，这样傍晚可以早一点回家，把一天捕获的鱼拿去卖。

当耶稣到了湖边之后，很快地跟他们打成一片。耶稣知道渔民的工作是很辛苦的，但是他们辛苦一天获得的鱼在湖畔卖的时候，不管赚不赚钱，都必须先要缴很高的赋税。如果不缴的话，就立刻遭到士兵的毒打。渔民们虽然不满，却没有人敢说话。

听到这个消息之后，耶稣就去安慰他们、鼓励他们，耶稣对渔民们的关怀很真诚，温暖了他们的心。所以远近的人都知道了耶稣的名字。

迦百农有礼拜堂，也有牧师，却从来没有任何一个牧师对渔民们真正关心过。耶稣传道跟普通的牧师不一样。耶稣说："神厌恶形式上的仪式和祭品，神喜欢真诚的心，行为正直，有人性、有道德的人才能看到天国。心存邪念的人，纵使是奉献出再多再好的祭品，都不会得到天主的宽恕。"

渔民们听完这些话，一个个都愣住了。因为所有人之前都认为呈献的祭品越多，就越能够得到神的原谅。但是唯一让他们想不通的地方是，欺负、折磨他们的税吏和罗马士兵，只要痛改前非、一心向善，也能看到天国。

这些经常杀人越货、欺压百姓，简直比肩恶魔的罗马士兵，还有那些税吏们竟然也能跟他们一样，受到神的保佑？这简直是岂有此理！

那么这样一来，他们奉献祭品给神能起到什么作用呢？而且究竟为什么要奉上祭品呢？所以有些人听了耶稣的话之后，表示不屑和恼怒。

不但迦百农的渔民要缴很高的税金，其实所有的犹太人都被苛捐杂税压得快要喘不过气来。在罗马政府辖下的收税人都十分贪婪，他们从犹太人那里抽取重税后又可以抽得提成，所以税吏们都不择手段地向犹太人们敲诈和勒索。税额惊人的高，而人们赚的钱又很少，大部分钱都要拿去缴税，所以犹太人的生活很苦。这些税吏虽然也是犹太人，但是百姓都不会把他们当同胞看待，而将他们当做罪人般地仇视。在犹太人的心目中，税吏是不能见天主的十恶不赦的罪人之一。

而那些曾经征服了犹太人，杀死很多犹太人同胞的罗马士兵，更是让犹太人憎恨至极，他们早就希望能快点赶走罗马人，还自己一个自由。

除此之外，犹太人还有一个烦恼，就是如何准备孝敬天主的祭物。他们除了每年春天的逾越节和秋天的帐幕节要花很多钱财在耶路撒冷圣殿上的祭品外，每个礼拜的安息日也要奉献祭品。犹太人每次都为缴税和祭品备感压力。

所以他们一直都相信，如果祭品越多，即使做了犯罪的事，天主也会赦免，困苦的生活也就没有了，天主还会允许他们到欢乐的伊甸园里去。这种信念在每个犹太人心中都扎下了根。

但是现在耶稣却偏偏说天主恩赐不分界限，太阳照着好人的同时也在照耀着坏人，降雨给好人也降给了坏人，天主当然也是这样，他能赐福给善心人，也能赐福给悔改自新的罪人。

当耶稣说完这些话，有趣的事情发生了。大家十分憎恶的税吏们竟然好奇地过来听耶稣讲道。

有一些十分年轻的税吏觉得自己的行为确实是可耻，但是他们又为了奉行上级的命令，也为了生计，只好万般无奈地做了受尽百姓唾骂的税吏。他们绝望地认为，天主是不可能赦免他们的。但是这时候，他们却看到了耶稣的出现，而且还告诉税吏，如果他们肯诚心悔改，不再贪取不义之财，不用武力欺压百姓，就能看到天国。刚开始，他们认为是自己的耳朵出了毛病，后来又经常听耶稣传教，他所说的每件事，都深深烙在了他们的心上。

之前从来没有听道的税吏们，现在也主动前来听道，聆听耶稣为他们传教。就这样，耶稣的名声再度远播。耶稣仍然在村庄的湖滨传教，前来听道的人越来越多。

耶稣看到这个情景之后十分高兴。

这一天，耶稣像平时一样走到湖滨，听教的人比平时多了很多。

那天是个阴天，只有微微的风，这种天气打渔也会徒劳无获，所以大家都聚集在湖滨补网。见到耶稣过来，就都向他围拢过来。

大家对他很热情，把他给包围了，但是后边的人看不见他，甚至连他的声音也听不到。彼得请耶稣上船，大家坐在水边，这样就可以看到耶稣，也可以听到他的声音。

耶稣跟往常一样开始向他们传教，正在这时候突然听到群众的后边有喧闹声，大家都吃惊地转过头去，看到两个男人在打架。

这时候大家都很气愤，认为他们都该打，因为被他们一闹，周围都变成乱糟糟的，耶稣也根本没有办法传教了。

见到出现了这个情况，耶稣只好无奈地跪在船上祷告。后来有一些老人都站起来给他们劝解，终于吵闹声停止了，当大家看到耶稣跪在船上默默地祈祷的时候，心里都觉得很不安。

等到大家都恢复安静之后，耶稣才慢慢地站起来说："大家请听我说，刚才我听到谩骂的声音，这些谩骂恐怕我们的天主听得更清楚，也比我更伤心。当你辱骂别人，你就犯了罪，而且一心想杀人，你的心中已经犯了杀人罪。我们要记住，当坏人找我们麻烦的时候，不要抵抗。有人打你右边的脸，连左边也给他打。有人夺你外面的衣服，那么连里衣也给他。如果有人强迫着你走一里路，你就跟他走二里。伤害你们的人，你们要对他好。说你们坏话的人，你们也要祝福他。我们要感谢那些善待我们的人，也要感谢和善待我们的仇敌。天主把太阳召唤出来，它照耀着好人，同时也照耀着坏人。神的爱永无边际。我们要学会爱我们的敌人，心正必须正于一。愿意正心，就要一心归向天主，万事向善，这些都是我们为了表达对天主的爱而做的。"

这时候，太阳已经快落山了，夕阳照射在耶稣的脸上，他站在船上披着霞光，如神人一般。

神奇的力量

就这样，耶稣声名鹊起，他的美名一天天地传播开来。现在迦百农的人，不管是穷人还是富人，都热心地招待他，专心听他讲道，耶稣从不分贵贱，对他们一视同仁。

那些贫苦的百姓从来都没想到过，如此伟大的传教士会亲自到他们又脏又乱的家，从来没有埋怨他们寒酸的粗茶淡饭，并且真诚地传播天主的真理，大家听得也是十分感动。

因为传教，所以耶稣经常去各地旅游。加利利湖北方的格拉森，甚至更远的撒玛利亚省、犹太省，都遍布着耶稣的足迹。耶稣到处散播着信仰的种子。耶稣不但亲近自己同胞，对待国外人也很亲热。所以，每个地方都有人谈论耶稣。

当然，耶稣所到之处总会有一些长老在听完他的传教之后异常愤慨地跟他争辩，但是每次都辩不过他。于是，这些人就想方设法去攻击他、诋毁他，说耶稣这个人破坏教规，是一个异教徒。耶稣对他们的诽谤、攻击，都淡然处之。

在游历了这么多地方之后，耶稣再次返回迦百农彼得的家中。迦百农的村民在耶稣不在的时候，都十分想念他、挂念他。

一次耶稣旅行之后归来，等他回到彼得家的时候，见到彼得的岳母病倒了。

后来耶稣听彼得说，她是得了热病，而且在安息日的时候又带病勉强去礼拜堂，病就更加重了。耶稣十分关心地问他的岳母有没有吃药。彼得摇了摇头说今天是安息日，所以没有吃东西。耶稣立刻拿药给老太太吃。

他告诉老太太，吃完这包药病马上就好了。

但是老太太仍然挣扎着坐起来解释说今天是安息日。耶稣马上严肃地跟她说："现在，天主不容许你们因为绝食而加重疾病，病人早日康复，天主才能高兴，绝食是健康的时候做的。快吃下这包药。"说完，耶稣就亲自喂老太太吃药。

彼得的岳母刚开始不肯吃，后来因为耶稣这么一说才安心地吃药。等到她吃完药后，耶稣叮嘱彼得去拿点病人可以吃的食物给他岳母吃。

这一回连彼得都吓到了，他惊慌地问："先生，今天是安息日，真的可以吃饭吗？"

耶稣正色说道："没关系的，如果病人不吃东西的话，怎么有元气呢？"彼得听到耶稣的吩咐之后，立刻做了一些流食给他的老岳母吃下去。这次老太太也没有过多反抗，信从了耶稣的话，踏实地吃东西。

即使是吃了药，但是热没有立刻消退下去，整个晚上耶稣和彼得用冷毛巾替她敷额头。直到第二天，发高烧的老太太终于痊愈，而且能够起床下地了。

就这样，耶稣治好病危老太太的事情不胫而走，很快就传遍了整个迦百农。

从此之后彼得的家里总会挤满了人，很多人都过来请耶稣到他们家去看病人。耶稣心里清楚，他不是包治百病的医生，就对大家说他不是医身体的医生，而是医心病的医生。但是大家还是再三请求他去治病。没办法，耶稣只好到每个病人家里去安慰他们。

他安慰病人们说："我们要拿出勇气来，一切都要听医生的吩咐，还要按时吃药，病一定会好的，天主知道你们在受苦，也是很伤心的。"

病人听耶稣说天主很关心他们的疾病，心中十分感动。其实当时的人都以为生病是因为他们的行为不正，受到了天主惩罚，所以只要一生病，他们就萎靡不振，病情也就更加严重。而现在听耶稣说天主很关心他们的病，心里当然就宽慰了很多，病也就会马上好起来。

这时候，整个迦百农村的人更加信服耶稣的"神力"了。

忽然有一天，一个瘫痪了三年的病人被抬到耶稣的住处。站在耶稣身旁的人都在寻思，都患了这么重的病，耶稣还能够医治吗？

耶稣见到病人，十分亲切地将他作为自己的朋友看待，即使看到他不能走路，但耶稣还是尽量去安慰他、关心他，让他得到心灵上和精神上的平静。

耶稣走到了病人身旁，见到病人竟然生着一对清澈的双眸。

耶稣问患者的名字，抬他过来的人告诉耶稣他叫拿丹。耶稣听说这个人名叫拿丹，就想起了一些事情。耶稣十分欣喜地想到，原来他就是拿丹，那么他就有救了！

于是，耶稣走到了拿丹的身边，用充满了权威命令的语气告诉他说，天主已经赦了他的罪了。听了耶稣的话，拿丹那双美丽而没有神采的眼睛突然发出了光芒。

耶稣再一次鼓励他说："拿丹！天主已经赦免你的罪了，为什么还在折磨自己呢？起来！没有必要再躺在床上了。起来走吧！"

拿丹听到耶稣庄严的声音，顿时信心百倍，向耶稣点点头，然后静静地动了起来！已经整整躺在床上三年的病人，竟然动了起来！家里人早就吓得发呆了。但这不是梦，病人的确是想要站起来，大家急忙从两边撑起拿丹的身体。这时候，拿丹被撑着双臂，慢慢地站了起来。不过因为很久没有走路，所以刚走路的双脚直打哆嗦。拿丹先踏出右脚，然后左脚，一步再一步，后来，他的脚也不打哆嗦了，终于能够起来走路了！

这下大家都折服了，他们都为耶稣欢呼。这就是人们常说的奇迹吧！

耶稣看着拿丹远去的背影，心中默默地感谢天主，也更加确信自己的使命。

当大家离开之后，耶稣冲着正呆呆地站在那里的彼得问道："彼得！你知道拿丹的为人吗？"

彼得这时才反应过来，他顿了顿，说："拿丹在我们迦百农是一位虔诚的信仰者，他每天祈祷三次，一周绝食一天，将收获的谷物和水果的十分之一送给礼拜堂，一年一次朝拜耶路撒冷圣殿，村里有病人时，他会马上过去慰问。村里所有人都称赞他，但是不知道什么原因他竟然当起小偷来了。"

耶稣听完点点头说："要知道，拿丹的堕落当然是有原因的。因为在一次偶然中，拿丹看到耶路撒冷的祭司们在诈取他们穷人奉献天主的祭品，转而过着奢侈的生活。看到这种情况，拿丹开始怀疑信仰和天主。后来，他又碰到小偷，那些小偷专门偷富人的东西，偷来的东西如果有剩下的，他们就分给穷人。当时已经失去自我的拿丹，禁不起诱惑，参加了小偷的团伙，但是他心地善良，毕竟没有办法干那些偷鸡摸狗的事，最后终于逃了出来，回到了迦百农。从此，拿丹总是觉得良心不安，每天不断地折磨着自己，然后他就病倒了。这突如其来的病让拿丹认为一定是神在惩罚他，他越是这么想，越是觉得害怕，后来连饭也吃不下去，就这样他的身体一天比一天瘦弱，最后瘫痪在了床上，他每天都在床上祈求天主的宽恕。街坊四邻都觉得拿丹很可怜，但是大家谁也想不出办法来。我最近总是听别人提起他，而且也正想抽个空去慰问他、鼓励他。天主对那些勇于悔改的人从来都会赦免的。我看到拿丹那清澈的眼睛，就知道他有救了。彼得，如今你目睹天主的心灵，你现在真正懂得我所说的真诚忏悔定能自救的道理了吧？"

这时候，彼得已经听得如痴如醉，等到耶稣讲完之后，他忽然跪在耶稣的脚边，双手紧抱着耶稣的双腿，坚定地对他说："从现在起，我决定要做先生的弟子。"

耶稣听了也十分激动，告诉他，从现在开始，他不再是加利利湖的渔民，而是为渔民而生的人了。

圣地的召唤

在山顶祷告

耶稣刚开始讲道的时候，经常是主动走到人群中人最多的地方为他们传教，但是现在，迦百农的百姓一看到耶稣就立刻围了过来，请求他为他们讲道。

现在，有很多人尊重和爱戴耶稣，但是同样也有很多人厌恶他。因为耶稣所教的教义与众不同，所以那些牧师和学者经常诽谤他，现在他们又听到耶稣能医治病人的消息，更觉得他是个奇怪的人，开始不断地责骂耶稣："耶稣他根本就不是什么天主的儿子，他所显现的奇迹必定是用巫术欺骗那些没有知识的民众。耶稣他是个骗子，他才是天主真正的敌人！"

其实不管在什么时代，舆论的宣传都是可怕的，因为它会将事实充分夸张，比如耶稣治好了一个病人，传着传着就变成治好了 10 个人、20 个人。有关耶稣治好了瘫痪三年的病人的事，传言更是夸张。

他们说，耶稣一摸病人，瞎子也看得见了，聋子也能够听到了。患上麻风病的人，耶稣伸手摸他一下，那个人就洁净了，病也好了。耶稣为将死之人祈祷，快要死的人也立刻起来了。这些传言就像一阵风似的传遍了很多地方。

稍微有些学问的人必定不会相信这些传说，但是当时教育很不普及，有些人将这些传说信以为真，一心一意想目睹耶稣这位神人的风采。

就因为这样，教堂里的那些长老对没有知识的穷人总是看不起。因此，当他们看见平易近人的耶稣关心穷人，用穷人最容易懂的话讲解教义的时候，才知道耶稣为什么会受到这些人的景仰。信赖耶稣的民众，他们认为这位先知能够显现奇迹，什么样的病人都能医好。更有人传说："我亲眼见到先生在医病，真是奇妙！"

有一天，耶稣独自在山上沉思，刚好有四五个人看见了他。于是大家都兴冲冲地一路跟着耶稣，后来后边的人越来越多，大家都高兴地围着耶稣。耶稣也笑容满面地跟他们打招呼。走在最前面的人走过去亲吻耶稣的衣服，并极力请求耶稣为他们讲道。

山前的道路很狭窄，这时候后面的人听不到耶稣的声音，而且人越聚越多，耶稣想了想就说："这里很窄，我们上山去吧！"于是大家又兴高采烈地跟着耶稣上山。

山上有一个十分宽敞的地方，在那里可以看到美丽的加利利湖。耶稣双腿盘坐在岩石之上，等他们围过来。

耶稣打算离开迦百农去别的地方传教。而在他离开之前，耶稣想要借这个机会，跟村里的人开怀畅谈一番。这时候，围在耶稣身边的人越来越多。他们之中有手工业者、农民、渔民、陶器商、石匠、樵夫等，这其中有些是贫民，也有一些是税吏。

这时候，大家十分安静地等着耶稣讲话，耶稣站了起来，站在一块大岩石上，大家能清楚地看见他。

等到一切都安静了，耶稣用十分清晰而嘹亮的声音对大家说：“请大家都认真听着，现在我要告诉你们的话，比平时我常说的那些更加重要，你们都要牢牢记在心中。虚心的人可以享福，因为天国是属于他们的；悲伤的人可以享福，因为他们必得到安慰；温柔的人可以享福，因为他们必得到土地；饥渴慕义的人可以享福，因为他们必得到饱足；怜恤别人的人可以享福，因为他们必蒙受怜恤；清心的人可以享福，因为他们必能够见到上帝；使人和睦的人可以享福，因为他们将被称为上帝的儿子；为义受逼迫的人可以享福，因为天国是他们的。”

这时候耶稣看了一下大家，众人都听得十分聚精会神。耶稣接着说：“如果我辱骂你们、逼迫你们、捏造各种坏话毁谤你们，你们就可以享福了。你们应该欢喜快乐，因为你们在天上的赏赐比现在所遭受的迫害要多很多倍，古时的先知也尝过这样的迫害。你们就好比这世上的盐，如果盐失去了咸味，怎么能成为盐呢？所以，你们要像盐那样，用爱来关怀别人。盐能防止食物腐坏，跟那些盐一样，你们也要防止人心败坏。正因为盐有咸味，所以我们都珍惜它，但是如果它失去了咸味，我们就不会珍惜它了！你们守法行善的根本就在于你们的内心，如果你们受了迫害和折磨，就丧失了信仰，那就等于失去咸味的盐，毫无意义，只能是丢在地上任意被人践踏。你们是世上的光，太阳照耀在山上也照亮了平原和村庄，灯光照进家里每个地方。你们的光也应该这样来照耀世人，让他们看见你们的行为，将荣耀归给你们永远尊崇的天主。你们千万不要认为我所讲的、所做的，和其他牧师和学者不同，就认为我是要废弃律法，破坏那些人的教训，我不是要废弃他们的教训，而是要成全。你们不要炫耀你们做的善事，当你在施舍的时候，不要叫左手知道右手所做的；要叫你的施舍在暗中进行，天主必在暗中察看，必然会报答你的。"

这是耶稣第一次用他那响亮的声音对他们讲道，所以他的所有教诲都深深地烙在他们的心坎。

耶稣继续说道："在荆棘上怎么能够摘到葡萄呢？在蒺藜上怎么能够摘到无花果呢？只要是好树都能结好果子，坏树就不能结好果子。凭借着它们的果子，就可以认出它们是好是坏，只要是不结好果子的树，就砍下来丢在火里。只要是称呼我为主的人们，都不能进天国，唯独遵行我天父旨意的人，才能进天堂。听见我这些话，就要去身体力行的，就如一个聪明的人，把房子盖在磐石之上，雨淋、水冲、风吹，房子总是不倒，因为它的根基在磐石上。听见我说的而不去行动的人，就如一个无知的人，把房子盖在沙土上，房子不但容易倒塌，并且很容易被毁掉。你们每天都要真诚地祈祷，现在我就教你们如何祈祷，你们一定要每天照这样祈祷。你们在祷告的时候，一定要走进屋子，关上门，祷告你在暗中的天主，天主在暗中看着你，一定会报答你。在祷告之时一定要这样说：'我们在天上的主，愿人都尊你的名为圣，愿你的国降临。愿你的旨意行在地上，如同行在天上。我们日用的饮食、今日赐给我们。免我们的债，如同我们免了人的债。不叫我们遇见试探，救我们脱离凶恶。直到永远，阿门。'"

当耶稣祷告的时候，大家也一起跪拜在地，随着耶稣一起祈祷。

12 个弟子

自从彼得当了耶稣的门徒之后，过了没多久他的弟弟安得烈也当了耶稣的门徒。耶稣到了迦百农之后，他们兄弟就天天和耶稣在一起。

刚开始的时候，彼得和安得烈兄弟最担心的就是他们从来没有受过正式的教育，害怕连《圣经》都看不懂。耶稣告诉他们说，侍奉天主，不一定是学者，最重要的是内心纯洁端正，有坚定的信仰，听从和力行天父的教导，这样就是他的门徒。

当他们两兄弟的朋友们听说他们要当耶稣门徒的时候，担心地问："你们现在不当渔夫了，那生活怎么办？"

耶稣听了这些话，想起当初要离开拿撒勒的时候，弟弟也这样不安地问他，所以耶稣说："不用担心生活的事。他们既然是我的门徒，所要做的事就比在加利利湖当渔夫更重要，更要有意义。有时候难免会饿肚子，有时候却会碰到亲切招待，用不着担心吃的问题。传道不是很简单的事，天主一定不会遗弃我们。"

这时候，十分崇信耶稣的彼得对他的朋友们说："我们的渔船和渔网送给你们，以后我们可能会经常在外面传道，我们不在的时候，麻烦帮我照看我的老岳母。"

耶稣收彼得兄弟为门徒之后，一些尊敬耶稣的人也争先恐后地要求耶稣收他们为门徒。耶稣在这些人里只收了两个人为门徒，他们是住在彼得家附近的渔夫西庇太的儿子约翰和雅各布。

这两个人很尊敬和崇拜耶稣。耶稣准备到全国各地去传道，希望有人帮他的忙。耶稣本来打算去伯赛大传道的时候带他们去，但是到了出发之前，又发生一件事。

耶稣常说，如果做错事能诚心悔改，便能进天国。当时的税吏听了耶稣的话，都抱着进天国的希望。那时候百姓生活很困苦，还要缴各种名目的税，所以他们对税吏恨之入骨，认为当税吏的几乎都是心肠歹毒。当了税吏就别想要进天国的说法使得心地善良的年轻税吏非常烦恼。可是等到他

耶稣传教雕塑

们听了耶稣说"天主是来召人悔改的，税吏如果悔改，一样可以上天堂"的话后，年轻的税吏都很高兴。

耶稣传教的时候，常有税吏站在前面听道。耶稣很注意他们。因为安息日时，村庄的礼拜堂不准税吏进去，所以他们听道的机会很少。耶稣注意到一位听他传教的年轻税吏。

他的名字叫马太，是生性善良的税吏，他为了生活被迫当了税吏，经常受到人们的轻视。他非常孤独，经常自己看书排解，因此十分博学。从他对耶稣提出的问题里可以看出这一点。

他为自己的职业自卑，早就失去了所有的朋友，所有的事情都让他很烦恼。

有一天，耶稣带着四位弟子，沿着加利利湖边来到关卡，不经意往里面看，见到马太正坐在桌前算钱记账。

马太无意间抬起头，也刚好看见走在前面的耶稣，他吓了一大跳。

耶稣走到马太跟前，说："请你辞掉税吏的职位，从现在起当我的弟子吧。"

马太惊讶得说不出话来，他没有丝毫的犹豫，更没有管那些散放在桌上的钱币和账册，恭敬地站起来，跪在耶稣身前说："请宽恕我的罪行。"

耶稣看着他说："用不着害怕，你是心地善良的人，我早就知道，从今天起，你就跟我一起传播天主的福音吧。"于是耶稣安静地把手放在马太头上开始祷告。

耶稣收了恶棍税吏当门徒的消息，就像之前他治好了拿丹的消息一样轰动。

马太十分激动，他办了一桌丰盛的筵席，宴请耶稣和其他四位门徒，并且还宴请了很多同事。大家吃得很愉快。

耶稣和那些税吏一起进餐的事情，成为被指责和唾骂的口实。他们责问耶稣的弟子说："你们的先生跟罪人一样的税吏一起吃饭、喝酒，这是为什么啊？"

耶稣听了，马上严肃地回答说："健康的人不用去看医生，有病的人才用得着。我来这世上，不是来召好人，而是来召罪人悔改。"

过了没多久，耶稣又收了住在伯赛大的腓力为门徒。腓力是小商人，经常听耶稣传教，很信服耶稣的教义，终于当了他的弟子。

西门是热心于犹太独立运动的革命志士，他在革命军里待了很长时间，也跟罗马军队打过仗，他听了耶稣的传教后，了解到了耶稣的伟大，想叫耶稣来领导独立运动，希望因此能有超过万人的部下，把罗马兵赶出国境。因为西门参加革命军时间太长，历经很多磨炼，所以他脾气暴烈，但是意志很坚定。耶稣十分欣赏他的个性，认为他如果能够在传道上发挥这种精神，一定会有一番作为，所以收他为门徒。

后来，耶稣又收了亚勒腓的儿子雅各和达太，多马、巴多罗买为门徒，最后收了住在耶路撒冷近郊依斯加略的犹大为门徒。

犹大是个毛毯商人，在加利利省各个地方做生意。他很了解每个地方的情况，特别会做生意，他做任何事都不顾一切，自从听了耶稣的传教之后，很佩服耶稣，被收为门徒之后，他就把所有的东西都变卖了，用那些钱充当耶稣和各弟子传教所需的费用。

在广场讲道

从迦百农到伯赛大，陆路水路都通，耶稣打算到伯赛大的消息一经传出，大家都十分不舍地跟耶稣道别，还有人想跟随他去伯赛大。

于是，耶稣就带着彼得、安得烈、腓力三个门徒悄悄地乘船出发，其他门徒则走陆路。

伯赛大大部分地区住着希腊人，他们的衣着、住宅跟迦百农完全不一样。那地方虽然离迦百农不是很远，但感觉好像特别遥远，街上也看不见几个犹太人。街上有表演希腊歌剧的露天剧场，在街上最高处还有用大理石盖的一所宙斯的神殿。

这个神殿是不允许犹太人进入的，跟耶路撒冷圣殿禁止异邦人进出一样，但是所行的祭典仪式都大同小异。

希腊人各自在自家院子里盖了一所小神殿，并有每天都祭拜的习惯。伯赛大有一个角落，住着些犹太人，耶稣和门徒们相约在此会面。犹太人已经听说耶稣要来，耶稣的船一靠岸，岸上早已挤满了人。耶稣本来想先到腓力家休息，但是人群团团围住腓力那间小屋，连路都堵住了，哪儿还能休息呢？

耶稣虽然悄悄地离开了迦百农，但是信徒们比他早早地到达了伯赛大，大家都怕失去耶稣。伯赛大的小孩也好奇地围住了耶稣，一会儿摸摸他的衣服，一会儿牵他的手。孩子们的父母看见了，就骂那些小孩，耶稣赶忙制止他们，并随手抱起一个3岁大的孩子。

耶稣抱着小孩愉快地说："请大家听着，我们千万不要经常打骂小孩。他们天真无邪、心地善良，大家要想进入天国，就该像小孩一样谦卑。"人们看到耶稣无邪的面容，就好像小孩一样。

耶稣终于到了腓力的家，他坐在桌子旁喝腓力太太拿出来的葡萄酒的时候，来了四五位伯赛大的父老。他们很诚恳地邀请耶稣："对不起，打扰您了，伯赛大的民众聚集在广场，想听您讲道。"

于是，耶稣来到了高地广场，那里早就挤满了好几千人。耶稣带领着他的 12 位门徒，走进群众当中。

他们一见到耶稣出来了，就大声地欢呼类似"犹太人万岁""打倒罗马人""犹太人自由了"的话，12 位门徒想劝阻他们，但是生怕他们越劝越闹，不知如何是好。

聚集在这个地方的犹太人经常受到欺负，驻扎在当地的罗马士兵对犹太人非常冷酷和严厉。犹太人只要稍微犯错，他们就会毫不宽容地被抓入牢里，或者被杀。犹太人没有地方申冤，只有忍气吞声。正在这个时候，他们听到自己同胞中出现了一位伟人，而且来到本地，他们平时压抑的情绪一下子都发泄了出来。

耶稣很清楚他们的情绪，但是此时最重要的是不能纵容他们，更不能抱着和他们一样的态度，万一处理不当，他们就会无法无天地对付罗马士兵，这样一来牺牲就大了。

耶稣心想，必须劝他们要有忍耐的精神，就用平静的语调说："请大家安静地听着，我今天来这里想跟你们说的是，请大家暂时不要抵抗罗马士兵，先从你们大家的行为上去想想看，天主不会命令犹太民族为了独立而站起来打罗马军队的。"

等了半天，竟然没有想到耶稣会说这种话，大家很不满地说："那我们要到什么时候才能独立？"

耶稣说：“等到罗马士兵每天都抓不到有罪的犹太人进牢狱时！”

此时大家的情绪又开始激昂起来。耶稣又挥了挥手，制止他们说：“大家不要怀疑天主，你们逞一时之勇，抵抗罗马兵，只会增加牺牲。天主不喜欢看见犹太民族牺牲太多。”

大家又问道：“那么天主什么时候才会来救我们？”他们开始大声地怒吼。

耶稣见状，马上又说道：“请大家现在心平气和地听我说，大家先不要着急，你们内心不能有一点怒气，要净化你们的思想，多行善事，天国是正义之国，也是爱之国，靠刀枪独立的，不是真正的自由国，也不是天国。你们知道吗？靠刀枪得来的国家，不是爱的国家。杀人得来的自由，是万恶的自由。天国不许有一点点恶行，赦免他人的罪，要爱你们的仇敌，有人夺你的东西，就给他。异邦人做坏事，我们自己要做善事。这些都是重要的事。”

大家又开始斥责耶稣说：“哪儿会有这种事啊？”

看到这个情况，耶稣只有厉声地说：“你们要相信自己！我们都能够做得来，天主不会让我们做我们做不到的事。以德报怨，以善报恶，这是天主的教训。要实行这些教训是不容易的，但是我们应该忍耐，并且以高兴的心情来做。天主的心充满着爱，并且有高度的耐心和善心，能使困苦的人懂得天主的爱心。其实，我们真正的敌人并不是那些罗马士兵，更不是窃贼，而是栖息在我们心中的敌人，能战胜这个敌人，罗马士兵和盗贼就不是问题了。有句俗话说得好，以眼还眼，以牙还牙。如果有人打你一拳，你还他一拳；有人抢夺你的东西，你再夺回来；被敌国征服，你又征服敌国，你争我夺，永无安宁，像这样只有罪恶的争夺，哪儿会有神去爱护呢？在这些人的眼前，不会出现天国，懂得真爱的人才能敲开天国的大门，也才能真正得到爱。这些福音无论在多大的灾难和困苦中也屹立不倒。"

耶稣不停地教诲这些人，才使得这些带着杀气的人渐渐平静下来，而那些大声怒吼的人也只能发出了叹息。就这样，不知不觉中一天就过去了，夕阳西下，夜色将要笼罩着大地。但是这几千人没有一人想要离开。

这时候，站在耶稣旁边的门徒腓力悄悄地拉了拉他的衣袖，示意他已经很晚了，该回去了。

耶稣让门徒拿东西分给众人吃，但是门徒们都震惊了，因为他们只有五个饼和两条鱼了。耶稣慷慨地将仅有的这些拿了过来，又吩咐众人坐在草地上，拿着这五个饼和两条鱼，仰望天空祝福，然后又将饼平均分开，递给门徒们，门徒们又递给众人。人们被这意外的情景感动了，纷纷把自己随身带着的食物拿出来放进篮子里。当时犹太人出门一般都随身带着些干粮，耶稣知道这一点，他相信自己的感召力。耶稣的门徒提着篮子向人们分发食物，只见人们领到一份食物后却把更多的食物放进篮子里，篮子里的饼和鱼不但不见减少，反而越来越多。后来，他们都吃饱了，把剩下的食物收拾起来，还装满了 12 个篮子。

解放安息日

就这样，耶稣的名声越来越大，信服他的人也越来越多，但是憎恨他的人也开始增多了。这些憎恨他的人当中，责难他最激烈的是法利赛派信徒。

法利赛派的信徒都是死守传统教条的顽固派，虽然人数不是很多，但都很有学问，在民间具有很大的号召力。他们墨守古老的传统，比如如果不把手洗干净就不能吃饭，还有如果回到家不洗澡，也不能吃饭等，许许多多的顽固规矩。

这些信徒严守教条，他们说古时候天主用六天的时间创造天地，第七日是安息日，要停止一切的工作来休息。而且按古教条的规定，安息日的时候大家都要休息来祈祷，法利赛派认为安息日不能做买卖，不可以搬东西，不能做饭，不能起火也不能熄火，不可以耕作，不能摘水果，不可以舞蹈，男人不可爬树，也不可以游泳。如果要出门，不能离家太远，更不可以旅行，除非将要死的人，否则不可以去看病。

所以，他们在安息日的时候都静静地待在家里，并且在安息日前一天就得准备好安息日的食物，没有准备的人只好绝食。

耶稣从来都不遵照法利赛派的习惯，他在安息日照样工作，也照样参加穷人的宴会。耶稣反驳法利赛派的严厉教条说："天主规定安息日，是打算让世人欢快安心地休息，不是为了受苦。到了安息日，与其愁眉苦脸地饿肚子，倒不如高高兴兴吃一顿丰富的大餐。安息日，医生放着病人不看病，那就是罪过。之前，犹太的圣者大卫在安息日时肚子饿，就进入帐篷拿祭坛上的祭品充饥，并且分给卫兵吃。而且请你们不要忘记两条更重要的诫命：一要爱人如己，二要尽心、尽力、尽意去爱你的神。牢记这两条诫命，废除安息日的烦琐教条。"

法利赛派的信徒听到耶稣这么大放厥词，每个人都火冒三丈。而且耶稣收税吏马太为门徒的事，也让他们很愤怒。税吏是法利赛派眼中的罪人。一个守法的犹太人绝对不会跟他们来往，怎么还能够收他为门徒呢？耶稣甚至还和那些不正经的女人、小偷聊天，还跟他们一起吃饭等，这些事在法利赛的信徒看来，样样都不能原谅。他们责备耶稣不守戒律和礼规，是败坏风俗的罪人。

对于他们的指责，耶稣也在大庭广众之下驳斥他们说："善人从他心里所存的善，发出善来；恶人从他心里所存的恶，发出恶来。健康的人用不着去看医生，只有病人才需要医生，我来不是为召好人，是为洗涤罪人。如果世上的人都是好人，那又何必要有救世主呢？救世主既然是来救人的，罪恶深重的人更需要救赎，所以我要更加亲近罪恶深重的人，帮助他们，使他们能够得救。如果都跟法利赛派一样，疏远罪人、穷人，那些可怜的人什么时候能得救啊？法利赛派只救自己，不救别人，天主怎么会喜欢这些自私的人呢？我们不能效法这些伪君子，他们用济世来炫耀。有学问、懂教理的人，总是做一些伪善事，他们比不懂教理、做错事的人罪更深重。"

尊崇耶稣的人听了这些话都感到很惶恐，他们说："先生，请您不要指责法利赛派，他们有势力，我们不能得罪他们，否则对您很不利，他们会找机会陷害先生的。"

耶稣淡然一笑说："谢谢你们，很早以前我就知道不要为了自己的安全，而不纠正别人的错误。法利赛派的教条，就好像瞎子带路一样，为了传播福音，即使遭遇任何危险我也绝不退却。"

有一天，耶稣走在伯赛大的街上，他看到一个可怜的老太婆。她跟别人碰面也不打招呼，很伤心地走着。耶稣看到之后很同情她，打听过她的身世后更加同情她。

原来，这个老太婆叫汉娜，是个寡妇，她跟独生子一起生活。就在一年前，她的独子参加革命军，这期间，老太婆独自生活着，有一天，她的儿子悄悄地回来，汉娜高兴得不得了。但是她的儿子因为长时间的营养失调，瘦得不成人样。汉娜很想让儿子吃一顿丰盛的饭，可惜，那一天刚好是安息日。看着骨瘦如柴的儿子，老太婆心疼得说不出话，于是她不管安息日的戒律，起火烤面包、烤羊肉给儿子吃。看到儿子吃得很高兴，汉娜也很高兴。可是到了第二天，法利赛派知道这件事之后，就责备汉娜说："汉娜，你为什么不守安息日的戒律？你不久就要遭天谴。"汉娜被他们一说，心里诚惶诚恐。后来汉娜的儿子回到革命军后不久就在一次战役中死于罗马兵的刀下。那是安息日后 10 天的事。而这件事也变成法利赛派和礼拜堂长老责难的口实，说那是汉娜不守安息日的戒律所受到的天谴。这个可怜的母亲，从那时候起衰弱得头发都白了。而她心中也总是在想，难道自己真的遭天谴了？慢慢地汉娜信了他们所责备的话，整天待在家里，出门也怕被别人看见。可怜的是，每当她上礼拜堂的时候，那些残酷的法利赛派不但不安慰她，还指责她的不是。

当耶稣听了她的遭遇之后，他祈祷汉娜能早日脱离痛苦。

第二个礼拜日，礼拜堂一早就来了很多人。早在两个月之前，耶稣就特地在那里传教，慕名而来听道的人非常多。因为之前的那些长老按照《旧约圣经》传教，内容枯燥无味、理论空洞，可是耶稣传教的方法与众不同，耶稣传教的时候，将教义由浅而深地讲解，老人和小孩也能懂，先知所留下来的教理，耶稣都用活生生的例子，把它们串起来一起讲。耶稣传教总是喜欢用天堂和人间比较，听教的人听了耶稣的话，都感觉到天主就在他们身旁，随时可以接近他。耶稣讲道从来不像法利赛派，只拿教条的句子咬文嚼字，而是由浅处入手，传给他们天主的福音，而且耶稣从来不说不守先知的教规会遭天谴之类的话。

每个人都难免会做错事，之前人们认为到礼拜堂是去赎罪，自己好像站在法官面前的罪人，一点都没有亲切感，只是觉得恐怖。自从听了耶稣的传教后，人们知道天主是真正爱他们的，他们做错事，天主不但不责怪，还为他们担心。做错事的人只要诚心悔改，天主就会原谅他们。但是，有一个条件是不可责备别人，因为同样的责备必定加重自己的罪行。就这样，人们都喜欢听耶稣讲道，也慢慢地懂得天主的爱心，开始高高兴兴地上礼拜堂。

有一天，那些长老们和平时一样朗读《圣经》、赞美歌，以及例行的教训，接着大家祈祷着法利赛派的又严格又难懂的教理。但是等到耶稣一上会堂，大家紧张的心情就缓和下来，期待着听他的传教。

那天耶稣的精神比平时更好，他铿锵有力地说："请大家注意一下，今天有一件很愉快的事。安息日有很多规律，大家都知道应该遵守，不是吗？但是有时要全部遵守不是一件容易的事。而且，教条各不同，连长老们的意见都不一致，不知道哪一条对哪一条错。"

这时候在旁边听道的法利赛派和长老们都沉着脸，怒目而视。但是耶稣仍然镇定自若地说："我们大家都知道，天主在六日间创造天地，第七日休息，所以安息日是这一周中最快乐的日子，我们这天应该停止工作，与天主共乐。如果安息日过得太辛苦，天主也会悲伤的，本来天主的意思是安息日要大家过得快乐、安适。但是不知从什么时候起大家却变得越来越拘束、痛苦，这是违背天主的心意。"

大家听完耶稣的话，心中十分激动。

耶稣接着说道："安息日，本来就该全家人打扮得漂漂亮亮的，再吃一顿丰富的美餐，赞美天主，这才符合天主的心意。"

耶稣顿了一下，看看教堂的每个角落说："如果当离别许久的儿子回来的时候，刚好是安息日，你们大家说，是让久别的儿子饿肚子呢，还是起炉子烤面包、烤羊肉，拿出最好吃的东西给他吃呢？选择哪一种，慈悲的天主才会真正高兴呢？大家应该很清楚吧。"

这时候，大家都明白了耶稣说的是汉娜，而礼拜堂的长老们和法利赛派听到这里更加生气。

但是耶稣完全不管他们的态度，继续大声地说："汉娜，请走到这里来吧。"

在一个角落里，有一位老太婆哭泣着走出来。

耶稣安慰她说："汉娜，你不要害怕，你应该坐在最前面。"于是他带着汉娜来到教坛。

这时，耶稣用充满仁慈的目光盯着汉娜说："汉娜，我听别人说，你遭受到天谴一直很痛苦。但是汉娜，我认为你是正确的。当天主看到你的痛苦之后，他一定会怜悯你的。你在安息日烤面包给自己儿子吃，天主绝对会谅解你的。"

汉娜听完耶稣的话之后，感动得大声哭了起来，这时候人群中也有人跟着哭起来。

耶稣继续坚定地说:"汉娜!记住,你的儿子为国捐躯的事,与在安息日烤面包烤羊肉完全没有关系,天主绝不会生气的。知道吗?汉娜!你有一颗纯洁的心,天主会祝福你。"

这时候,这位饱经风霜的老太婆已经跪倒在耶稣脚下,哭泣不停。

耶稣定了定神,向群众大声宣布:"现在,大家都知道了吧!天主的安息日是欢乐日,不是困扰人们的日子!"

但是自从这件事情之后,法利赛派对耶稣更是恨之入骨了。

富有奥义的故事

耶稣给他的门徒们讲了一个很有教育意义的故事。

从前,有一位富翁,他的仓库中满是金银财宝,而且他有很多的家畜和广阔的农场。

他有两个儿子,他很疼爱他们。但是他对儿子过度地放纵,只要能用钱买得到的东西,他都会买给他们。

这兄弟中的哥哥是一个很认真而且安分守己的人,但是他的弟弟却是一个好吃懒做的人。弟弟经常想:"再这样下去实在是没有什么意思,在乡下过一辈子,那会让人憋死的。不如出去闯一闯,还能随心所欲做自己喜欢做的事情,该有多好啊!而且,父亲有这么多的财产,等他死了,还不是要跟哥哥分财产？要等到那时候分的话还不如趁早分，我也可以拿这笔钱，到外面去闯一闯。"

他想好了之后，就马上到父亲那里要求分财产。父亲认为小儿子是在无理取闹，没有答应他的要求。但是小儿子每天都跑去缠着父亲要求分财产，甚至有时候还蛮不讲理地发脾气。

这时候他的父亲终于看破一切，就叫两兄弟来到跟前，当面分了财产给两兄弟。哥哥分到了全部的农场，弟弟则得到了他想要的钱财。

小儿子分到钱之后，就高高兴兴地到外边去闯荡。他到处结交新的朋友，开始不停地吃喝玩乐，任意挥霍钱财，没过多长时间，小儿子分到的金钱全都花光了，但是现在他后悔已经来不及了。

就在这个时候又遭遇了旱灾，一整年没有什么雨水，农作物的收成只有往年的三分之一，就是有钱人有时也买不到食物，更不用说穷人了。

已经把钱都花光了的小儿子在万般无奈之下，只好跑到一位富翁的农场去当临时工。他的工作是养猪，有时肚子饿得实在没办法了，只好偷猪吃的豆荚来吃。

虽然小儿子想换工作，可是没有人雇用他，在这种困难艰苦的情况下，他忽然想起家乡的父亲。

他痛哭流涕地说："这会儿如果是在家中多好啊！在家里就是碰上了大饥荒也不用担心，家中的工人也都是饱食暖衣的，但是现在我却还在挨饿，我还是回家去吧！"

于是他终于下定决心，打算马上动身回家。

在家里的老父亲自从小儿子拿了钱出去外边闯荡之后，每天都在为他担心忧虑。

父亲担忧地说："我的孩子现在会在哪里呀？生活可好吗？"

他的大儿子听到老父亲的话就说："也许他因为好吃懒做，现在早就把钱花光了。"

听到大儿子这么说，老父亲更是担心，每天都靠着门盼望小儿子的归来。就这样一两年的时间过去了。突然有一天，老父亲正站在牧场的高台上眺望的时候，看到一个衣衫褴褛的年轻人蹒跚地走过来，老父亲马上认出是小儿子，欣喜若狂地跑过去迎接，紧抱住小儿子，告诉他自己这两年很想他。

小儿子也在父亲怀中哭着说："父亲，儿子得罪了上天，又得罪了父亲，不配做您的儿子，今后您收我做仆人吧！"

老父亲吃惊地说："说什么胡话呢！你能够平安无事回到家我就很高兴了，赶快到里面去吃饭！"

于是，老父亲吩咐仆人拿新衣服给他换上，取戒指给他戴上，找鞋子给他穿上，又让厨师宰了一头肥牛，为小儿子接风。

老父亲说："原本我以为我儿子已经死了，但是现在又活了，让我们痛痛快快地庆祝吧！"正庆祝到一半的时候，大儿子从田里回来，听到厅堂上的喧闹声，知道是弟弟回来了，父亲正为他接风，大儿子心中特别不满，不愿意参加这次宴会。

老父亲知道这件事之后，慌忙去劝解他。大儿子很气愤地说："我在家中侍奉父亲这么多年，从来不敢违命，父亲却没有给过儿子一只羊，好让儿子和朋友们喝酒，现在弟弟把家产用光回来了，您竟杀肥牛来庆祝！"

听完大儿子埋怨的话，老父亲回答说："我的孩子啊，我们经常在一起，这里的一切都是你的，但是你的弟弟把所有的钱都用光了，愧疚地回到家，所以我才情不自禁地去庆贺。"

耶稣十字架的雕塑

耶稣给他们讲完这个故事，就问他的门徒说："约翰、西门，你们懂得这个道理了吗？天主爱人的那份心，就跟这位老父亲是一样的，当天主看到一个罪人回头，他也是十分欢喜的。"耶稣的门徒们听了他的话之后都深受触动。

耶稣他们住的地方附近有个牧场，羊群正在尽情地吃着草。耶稣看着小羊，接下去说："我还听说过一个故事。有一位牧羊人，他养了100只小羊，不幸走失了1只，他就把99只羊赶进牧场里，去找寻那1只迷失的羊。等到他走遍很多丘陵、森林、山谷到处寻找后，终于在林中看见那只迷失的小羊。他很高兴地把羊扛在肩上，背着回家了。但是他竟然高兴得忘了牧场里的 99 只羊。我讲这个故事是想告诉你们，如果一个罪人肯回头，那么他要比 99 个不知悔改的好人，更能够让天主感到喜悦。"

弟子们这时候都点点头，听懂了耶稣的话。

耶稣接着说："想要解救恶人的心灵，你们在责备他的罪行之前，就得先饶恕他的罪行。当他得到了饶恕，他就一定会反省。被人指点反省，自己认识自己的错误，这才是重要的。"

这时候彼得问耶稣说："如果我的弟兄得罪了我，那我应该饶恕他几次呢？到第七次可以吗？"

耶稣回答他说："你这个问题问得好。那么我回答你，不是到第七次，而是要到第七十个七次。你要先饶恕他本人的错，同样地，如果你自己做错事，就要认罪，才能被天主救赎。之前，我在一个广场传教的时候，一群人绑着一位年轻女子走过来。这个可怜的女人被他们丢石头，还被打得遍体鳞伤，我问众人这个女人犯了什么罪，大家都异口同声地说这个女人罪孽深重，她是个妓女，而且总是用甜言蜜语迷惑很多男人，大家让我责罚她。但是我说，这个女人已经被你们折磨得不成人样了，而且她不能由有罪的人来判，你们中间谁能认定自己没有罪过，就第一个拿石头打她。这时候他们都觉得很惭愧，就陆续地走掉了。后来只剩下那个女人低着头站在原地不动。我讲这个，是想要告诉你们，如果想要责罚别人的过错，首先要反省自己之前的过错，悔改自己的行为。"

先知约翰之死

正当耶稣回到迦百农的门徒彼得家中休息的时候，从遥远的比利亚省来了两位使者。耶稣看到了这两位使者，还没等对方开口说话，他就问他们是不是带来了不幸的消息。使者听了耶稣的话之后，都默默地低下头不敢看他。

耶稣知道他们带回来的一定是先知约翰的事情，就赶忙询问情况。两位使者都耷拉着脑袋，流着眼泪说约翰已经被杀死了。

耶稣听到这个消息之后伤心坏了，他的门徒们听了使者的话也都愣住了。

耶稣忍着悲痛说："先知约翰是一位正直的人，他明明知道自己处境十分危险，还是不放弃传播真理的使命。在现在这个世上，正直的人要贯彻天主的真正使命，就会为自己带来极大的危险。请你们详细地告诉我他是怎么死的。"

两位使者擦干了眼泪，把先知约翰的事情告诉了耶稣。

就在三年之前，约旦河的先知约翰被希律王的次子希律·安提帕的手下借着叛乱的嫌疑罪名逮捕，关在了"死海"的牢狱里。

先知约翰的双脚被铁链锁住，当他需要外出的时候，他的双手和双脚要被手铐、脚镣锁起来，遭受痛苦的折磨。除了朋友送食物、探访之外，约翰整天都面对着牢房漆黑的高墙，独自思考问题。

离牢狱不远的地方有希律·安提帕的豪华宫殿。他一心想要除掉约翰，但是一直都找不出像样的理由能够将他置于死地。先知约翰在约旦河畔向群众传教的时候说："不久将会出现弥赛亚，大家要赶快悔改啊！"但是先知约翰除了讲道和替人施洗之外，既没有煽动民众违抗希律王，也没有推翻国王的激烈言论。

约翰被捕入狱之后，听他讲道的人都祈祷着，盼望他能够早日被放出来，能够再听到他的声音，一睹他的神采。而希律·安提帕王也十分清楚，如果他杀死约翰，一定会引起民众强烈的反感。

可是，希律·安提帕就是不想放过约翰。希律是因为他兄弟腓力的妻子希罗底，才把约翰抓捕锁在监狱中的，因为先知约翰说希律娶兄弟的妻子为妻不合伦理。当然，希律·安提帕最怕像约翰这样强硬刚直的传教士出现。

就这样，约翰被关在牢里整整三年。有一天，希律·安提帕庆寿，大摆筵宴，文武百官都在座。希律·安提帕有一位名叫莎乐美的漂亮女儿。她不但人长得漂亮，而且跳舞也是独一无二的。

其实，莎乐美不是希律·安提帕的亲女儿，而是希罗底和腓力所生的女儿。在宴会上，喝得大醉的希律·安提帕对女儿莎乐美说："莎乐美，今天晚上你舞一支你最拿手的舞给我看看，你想要什么我都赏给你。"

　　莎乐美飞奔到母亲那里，不知说了些什么，然后说："父王，您的话可当真？"

　　希律·安提帕睁着快要睁不开的双眼说："是真的，我希律王从来不说谎话。"

　　莎乐美听了之后就开始在宴会上翩翩起舞，舞姿十分放荡，看得文武百官还有一些宾客都如醉如痴。

　　希律·安提帕见到女儿跳得让他们都看呆了，更是得意扬扬。当她舞完后，莎乐美拿着银盘走到希律·安提帕面前请求赏赐。

　　希律·安提帕十分高兴地说："你要什么赏赐，大大方方地说出来吧。"

　　莎乐美阴险地说道："父王，请在银盘中放上先知约翰的头颅作为给我的赏赐吧。"

　　希律·安提帕听完之后，面色大变，拿在手里的酒杯也掉到地上。在座的所有宾客也都马上紧张起来。

　　希律·安提帕没有想到她会要这个赏赐，因为先知约翰这个人现在杀不得。

　　"父王您不会抵赖吧？"莎乐美带着讽刺的笑，逼迫着希律·安提帕。

希律·安提帕看着那些宾客，也碍于自己的面子，不好收回刚才所说的话，就让差役入狱斩杀了约翰。不到半小时，先知约翰血淋淋的人头放在银盘中端了上来。莎乐美接过银盘，之后拿着银盘疯狂地跳起舞来，这真是一幅地狱里才可以看得见的景象。

但是，约翰为什么会被莎乐美他们杀死呢？在场的宾客没有一个人知道为什么。这是只有希罗底和莎乐美母女两个才知道的秘密。

原来，希律·安提帕的后妻希罗底本来是希律·安提帕弟弟腓力的妻子。希律·安提帕看上她的美貌，要把她迎入王宫的时候，全国的人都害怕希律，没人敢表示反对，只有先知约翰说，娶一位心术不正的女人来做王妻，恐怕会招来犹太国民的大不幸。

后来希罗底听了这个消息之后，对约翰怀恨在心，准备伺机报仇。

果然，机会就这么来了。

就在第二天约翰的朋友像平时一样，带了水果和面包探监的时候，他们看到的是没有头颅、惨不忍睹的约翰的死尸。朋友们哭着入狱收尸，将他埋葬在他之前传教的约旦河畔，然后就来告诉耶稣。

这个故事讲完之后，使者早已经泣不成声。在座的人也都不说话了。因为大家都在为一件事情悲痛着，约旦河的先知约翰死了！

这时候，耶稣也低着头，默默无语。过了一会儿，使者对耶稣说："请您也要倍加小心啊！希律·安提帕也听到了您的名气，已经开始注意您了，您还是暂时离开安提帕管辖的地区吧。"

耶稣静静地听着，然后说："不！从现在开始，我要走到希律·安提帕看得见的地方。"耶稣的门徒们从来也没有见过态度如此坚定的老师。

去意已决

耶稣投宿于一家小旅舍的时候，他想着先知约翰跟自己命运的关系。替耶稣施洗的是约翰，使自己下定决心传播天主福音的也是约翰。而对于耶稣所想的圣道给予明确肯定的还是约翰。

现在，约翰被杀了，这就是说，天主已经召唤约翰回到天国了！这就代表约翰已经尽了他的使命。

但是，留给耶稣的是一条多么困难而坎坷的道路啊！这条道路上荆棘丛生，而且到处都是豺狼虎豹。他精心挑选的这12位门徒，显然还没有悟出天主的意志和圣道。他们一碰到天主的尝试，就心生害怕而紧紧地依赖耶稣。

所以，耶稣在人世间是孤独的。但是，他从来不感到悲哀和寂寞。因为他知道，如果天主的意志是这样的话，那么自己是唯一受到祝福的人。他的内心充满了勇气和力量。但是，他的弟子们并不知道他的心意，他们只知道危险迫近了。

这时候耶稣很坚决地告诉他的 12 位门徒，说自己要动身去耶路撒冷。一听到这话，弟子们都不解地看着他，认为那里十分危险，劝他不要去，而且，法利赛派和祭司们都十分憎恨耶稣，希律·安提帕也要加害于他，弟子们希望耶稣打消这个念头。因为全国的穷人都等待耶稣的福音，他不能舍弃他们，只能只身进入虎穴。耶稣的弟子们用尽言辞来阻挡耶稣去耶路撒冷。

但是，耶稣坚决地说："谢谢大家的好意。你们担心的事，我也很清楚，去耶路撒冷的确很危险，可是我不能退却。凡事都是天主的旨意，这一次出门后，我们可能没有机会再畅谈了，今天我再讲讲天国的事吧！"听到耶稣说这样的话，弟子们只好围在耶稣的身旁听耶稣讲道。

耶稣顿了顿说："我经常讲天国的事，但是很多人到现在还不大了解我说的话，还有的人已经显得不耐烦，你们12 人当中也有这样的人，我是很清楚的。我们都知道，天国是看不见的，天国像酵母一样，当你把酵母掺在白面当中，白面会完全发酵。酵母使面粉发酵，天国之道激发人的精神，使人的生活有新的味道。看不到天国的人，等于看不到人们心里的爱与正义。天国是灵魂之国，不是地上王国的土地、房子。这样的天国，刀剑消灭不了它，天灾人祸也毁灭不了它。而天国又像一粒芥子，芥子在百草的种子里是最小的，但芥子种在土里生长起来以后，很像一棵小树。天国之道，在开始时信仰的人很少，时间久了就能成为世上的一株大树。"

耶稣谈论天国，采用的是最浅显、最鲜明的比喻。但是他的弟子当中，激进派的西门认为耶稣的话过于软弱，令人难以接受。而现实派的犹大也认为耶稣做事慢吞吞的。不过，耶稣的言行有深不可测的真理，圆满地充塞着年轻弟子的心灵，所以他们没有想离开他的意思。

西庇太的儿子约翰和雅各布，是耶稣的弟子当中思想最天真最活泼的。

雅各布央求耶稣说："等到创立天国之后，您可以荣登王位，约翰坐在您的左边，我坐在您的右边好吗？"

耶稣赶忙摇着头对他们说："你们还不知道所要求的是什么。我喝的苦水，你们能喝吗？我现在要去耶路撒冷，等待我的是恐怖与折磨，你们能够接受得了吗？我能够给你们的不是什么宝座，而是痛苦的十字架。"

接着门徒彼得问他："即使是这样，您还是要去耶路撒冷吗？"

耶稣早就下定决心去圣地了。他临走之前，再一次端详着他的 12 个门徒，动情地说："我收你们 12 位为门徒，同时也把你们当做好友。这次耶路撒冷之行，要有舍身的勇气。在这种危险的情况下，我不勉强你们同去。如果你们当中有不愿意去的人，我也不勉强，你们有选择的自由。但是请你们记住，进入天国的门路，现在还是狭窄而艰苦的。"

听完耶稣的这些话，门徒们都紧握着他的手说："先生，我们这 12 个人什么样的苦都受得住，您放心，我们永远跟着您。"

耶稣听到自己的门徒说出这样的话，会意地微微一笑，不说话了。

一路穿越危机

就在逾越节的前 8 天，耶稣带着他的 12 位门徒从北方的该撒利亚腓立比出发。从北方到南方的耶路撒冷，路途十分遥远，但是他还是跟平时一样，没有什么特别精心的准备。他的弟子们肩上都背着各种小背包，但是耶稣只用细木做拐杖，其他什么都没有带。

从该撒利亚腓立比到耶路撒冷，有两条路可以选择。一条是经过德加波利省和希律·安提帕统辖的比利亚省，沿着约旦河东边的路；另一条是从加利利省经过撒玛利亚省，沿着约旦河西边的路。

不过，不管走哪一条路都是十分危险的。这两条路都要经过希律·安提帕统辖的领土。对于要走哪一条路的问题，门徒也都议论纷纷，不过大部分的门徒主张走约旦河东边的路。他们认为，虽然他们必须要经过希律·安提帕的领土，但是走西边要经过撒玛利亚省。撒玛利亚省人很不友善，可能连借住的房子也没有。

撒玛利亚省接邻耶路撒冷的犹太省，虽然两省都信仰着相同的宗教，但是老百姓彼此之间的感情并不和睦，撒玛利亚人不参加耶路撒冷的朝圣，撒玛利亚省的中央基利心山有一座圣殿，该省的百姓就在这里过逾越节、五旬节，还有帐幕节。对于《圣经》，他们只念戒律非常严格的《摩西五经》，他们看不上其他经典。

犹太省的百姓如果要到加利利省，大部分人都不经过撒玛利亚省，而是绕一个大圈子取道约旦河东边。

门徒犹大格外反对走约旦河西边的路，他说："我不是很喜欢和撒玛利亚的人一起吃饭。"而门徒西门也附和着说："撒玛利亚那里有很多土匪，走这条路实在是太危险了。"

门徒多马却认为，约旦河东边的路程既远又多山谷，白天又热，夜间有野狼出没。撒玛利亚省的人也是犹太人，路程又近又好走。

他的话立刻遭到了犹大等人的反对，他们认为，撒玛利亚省的人虽然也是犹太人，可是他们有阿拉伯血统，都是顽固分子。

大家意见出现了很大分歧，门徒彼得征求耶稣的意见。

耶稣考虑了一下说："还是走撒玛利亚吧！要传教的人，一点都不能有犹大的那种想法，撒玛利亚人与犹太人之间的仇恨，可以说是犹太人自己的罪过。在过去的几百年之间，犹太人欺负撒玛利亚人，因此种下今日仇恨的祸根，所以我们更要尽量找机会去接近撒玛利亚人。"

但是犹大仍旧不赞成耶稣的看法："我还是不同意，这次不是因为讨厌撒玛利亚人，希律王现在想害您，我们13个人一起走的话，马上会被注意，因此我们还是分开来走，更要走不太有人走的路。"

后来耶稣想了想，觉得犹大的话也很有道理："不管怎么样，我们都要到达耶路撒冷，那么我们就按照犹大的说法分成两路走好了。我和彼得、约翰、雅各布四人去西边的道路，而其他人再分两队走东边的路，大家在死海附近犹太省的耶利哥会面。"

行程决定好了之后，他们就准备出发。走西边的耶稣比走东边的门徒晚一天离开该撒利亚腓立比。

该撒利亚腓立比在以土利亚省，是希律·安提帕的弟弟腓力的管辖地。虽然同样是以色列的一省，但因为统治者不同，所以希律·安提帕没有权力在这里逮捕耶稣。尤其这个省真正的犹太人很少，所以只要他们将自己打扮得像外国人就不会被认出来。

耶稣很想在旅行的途中，顺便看望一下他的第二故乡——迦百农。同时那里也是弟子彼得的家乡，他的岳母、孩子都在那里。于是，耶稣他们往南走到迦百农附近，很小心地等到太阳下山后越过省界。越过省界就是希律·安提帕的领土加利利省。

最后终于到了彼得的家，彼得的家人对夜晚拜访的耶稣等人进行了热情的款待。虽然看起来没有什么危险，但是他们还是天一亮就离开彼得家，坐船渡过加利利湖。等到下船之后，立即赶往德加波利省，进入撒玛利亚省。

在路上耶稣就想，或许再也没有机会回故乡拿撒勒了吧！他现在特别想去看看年迈的母亲玛利亚。但是信仰虔诚的母亲，今年一定也会参加朝圣前往耶路撒冷的。到了耶路撒冷，找到拿撒勒村人搭帐篷的地方，耶稣知道就可以见到母亲。耶稣愉快地想象着在帐篷中看到久别的慈爱的母亲的景象，开始紧张兴奋起来。

当耶稣他们来到撒玛利亚省的时候，已经可以看到从各地路经撒玛利亚省前往耶路撒冷朝圣的很多团体，耶稣尽量避免与朝圣团在一起。因为全国各地听说耶稣的人很多，如果知道他要来，一定会引起注意。

不久，耶稣他们越过犹太省，然后又绕路到耶利哥与其他门徒会合。

当他们刚到耶利哥街上的时候，就听到一个年轻人的声音说："我们都很担心您，没有什么事吧？"原来是门徒巴多罗买。

耶稣见到他之后也很高兴，很愉快地答复他。但是耶稣四下看了看，没有见到别的门徒，就询问其他人现在都在哪里，巴多罗买告诉耶稣说其他人都在等候他们。

　　原来他的这些门徒认为如果人太多，容易引人注目，所以只有巴多罗买一个人来接耶稣他们。

　　耶稣听了之后十分感激门徒们的用心。

　　当天晚上大家在餐桌上开始谈论一路上的遭遇，而这也让耶稣和他的门徒们忘记了旅途的劳顿。

圣人的余生

进入圣城朝圣

从耶利哥到耶路撒冷大概有 32 公里的距离。不过这里算是旅行的终点站，到了这里大家就安心了。

路上虽然全是灰尘，但是两旁的棕榈树开着白色的花朵，景色跟该撒利亚腓立比相比更是不同。夕阳西下的时候，耶稣和他的门徒们抵达了橄榄山后的伯大尼。

伯大尼，在希腊文中是"枣"或"无花果之家"的意思，而这附近也确实跟山名相像，到处都是橄榄树和无花果树，而且此处的泉水清澈，如甘露般地滋润了旅客的喉咙。

从这里到耶路撒冷的圣地大约有 3 公里的路程，外地来的朝圣团多在这里休息。耶稣一行人到达朋友赖柴鲁的家。

有旅舍或者借住到朋友家休息的人是很走运的，但是大部分的人都在山丘上或平原搭帐篷露宿。耶稣等人到达这个地方的第二天就是安息日，朝圣者兴高采烈地休养自己疲乏的身体。

安息日过后的星期天，也就是逾越节的第一天。按照犹太人的历法，星期六是安息日，全国都休假，而星期天是一周的开始。而到了现在，我们定星期天为安息日，那是耶稣去世之后才改的。

那一天，天还没亮就可以见到朝圣者拿着包袱，牵着当做祭品的山羊、绵羊络绎不绝地走上橄榄山。后来，离开赖柴鲁家的耶稣等人也加入了朝圣的队伍。

这个地方属于罗马总督彼拉多管辖，希律王没有权力过问，只要不触犯罗马规定的法律就不会被捕。但是，让他们没有想到的是，耶路撒冷早就有憎恨耶稣的法利赛派和祭司等着他的到来。

耶稣的 12 个门徒都很为他担心，不知道那些人会用什么样的手段对付耶稣。但是耶稣却心情愉快地跟朝圣者打招呼，热情地寒暄着。

耶稣来耶路撒冷朝圣的消息立刻传遍了整个圣地。人们都因为能够与耶稣一起朝圣而感到荣幸和兴奋，他们就在人群中寻找耶稣本人。

人们到了橄榄山山顶的眺望台，就开始不停地呐喊："呼札哪（求救的意思）！""呼札哪！"这种情景实在是让人感动。

站在橄榄山的西侧，隔着汲沦溪就可以眺望到圣地耶路撒冷的全景。庄严的圣殿耸立在中央，中间是广场，四周有白色回廊，围绕成天井形状，美丽的安多尼亚塔连接着圣殿的石桥。从圣殿祭坛中燃起的黑烟缓缓地升向天空，那是早晨上供的火。从橄榄山顶到耶路撒冷城门的这条路，人都挤得满满的。

在这种十分热闹的情况之下，人们又在中途遇到了耶稣，于是大家都特别兴奋地采了路旁的野花抛撒，又折了棕榈树枝来摇枝呐喊，前呼后拥着耶稣前进，还有人脱去了外套铺在地上让骑着驴子的耶稣经过。

本来大家在逾越节的时候就很兴奋了，后来听说耶稣也要到耶路撒冷朝圣，更是殷切地期盼着他的来临。

后来，这里聚集的人越来越多，耶稣就跟着他们大大方方地走进耶路撒冷城。耶路撒冷的人很好奇地问："这个人是谁？"

旁人回答说："他就是拿撒勒的木匠，荒野中的先知。"

问的人很惊诧而且兴奋地说："啊！原来他就是传说中的耶稣！"后来整个耶路撒冷的人都惊讶地观看夹道欢呼的盛况。

这个时候，耶稣很担心希律王的手下和圣殿的祭司以及那些法利赛派见到这种情况之后会加深对他的憎恨，但是他现在也没有办法阻止人们的热情。

从广场进入圣殿，有黄铜铸的门，并有分为十级的阶梯。走上阶梯之后，就是"女院"。"女院"这个地方排满了银盘，祭司们在那里接收朝圣者奉献的牲礼。当朝圣者进入"女院"之后，在第一个盘里缴的就是所谓的"圣殿的税"。

犹太的百姓要朝圣参礼必须先缴钱，如果不缴纳就不能进去参拜。盘子里可以随意放大小的祭品，所以其中的祭品有多也有少。每一个盘子都注明了："为了济贫，为了保护圣殿，为了照亮神明，为了圣殿荣光。"

但是，无论银盘的说明是怎么样的，祭司们的手段就是搜刮这些祭品来中饱私囊。但是不知情的朝圣者都用贵重的宝物当祭品。

这之后就可以走过"女院"，进入中门，正面有高高的祭坛，祭坛里面供奉着天主。耶稣12岁之后，每年都会来朝圣，对这个圣殿十分熟悉。

耶稣和门徒在"女院"的角落休息，看到有一位富翁带着仆人走了进来。那个富人穿紫色的上衣，披着毛披肩。他站在献钱箱前面，接过仆人给他的钱袋，把钱高高举起来再投入钱箱里，钱币叮当作响，然后他趾高气扬地走进了中门。

后来又走来一位衣衫破旧的妇人，她手里拿着两分钱，悄悄地放入钱箱里。

犹大看了之后说："这只有神税（朝圣者的税钱）的百分之一吧！"

耶稣听了犹大的话后，摇了摇头说："这位贫穷的妇女所捐献的比刚才的那个富人多。别人所献的是自己剩下的钱财，而这位贫妇捐献的是自己身上的衣食费用。"

这一天傍晚，耶稣带领着12个门徒再次穿过橄榄山，回到了伯大尼村。

消除污秽

　　第二天，耶稣他们晚一点才到达圣殿。这时候，广场比昨天更拥挤，要进入圣殿十分困难，为了方便没有带祭品来的朝圣的人，广场上摆设了很多摊位，其中有葡萄酒、香料、油、水果等，当然也有代替小羊的鸽子。除此之外，还有很多东西，不过这些东西的价钱都很贵。因为祭司向在这里做买卖的商人们收取高额的税金，而商人们在万般无奈之下只好把物价提高。

　　想要呈献祭品，请求天主救赎的那些老实而贫苦的人，因为祭品特别昂贵而买不起，他们只好在摊位前面，依依不舍地看着这些东西。

　　那些祭司对待穷人，连眼皮都不抬一下，因为他们光顾着对富人献殷勤了。

　　在这广场上，还有一个更让人厌恶的地方，就是兑换钱币处。

　　一个桌上堆满了很多犹太钱币，他们将犹太钱币兑换给那些从希腊、罗马、埃及、阿拉伯等地来朝圣的人。兑换钱币处的兑换率没有明文规定，而且兑换手续费相当高。

从遥远的地方漂洋过海、穿越沙漠，一路辛辛苦苦地来到耶路撒冷朝圣的人，已经花掉了很多旅费，现在兑换钱币又要付那么昂贵的手续费，每个人都觉得很气愤。但是购买祭品一定要用犹太钱币，人们在无可奈何的情况下，只好去兑换。

虽然商人们抬高价钱获取利益，但是祭司们抽他们的税也抽得相当高，所以最后获利最多的还是那些借着天主的名义假慈悲的祭司。

满广场都是悲惨的景象，有买不起鸽子而抽泣着离开的妇人，还有因为与商人争执贵了五倍的葡萄酒和香料价而被祭司破口大骂的贫穷百姓们，这些场景都让耶稣义愤填膺。

耶稣本来想说，天主的殿堂是祈祷的地方，而这些商人和祭司竟然把圣殿当成牟利的商场。看到广场那些商人的不择手段，还有伪善的祭司，耶稣突然改变了主意，他决定先消除圣殿的污秽。

耶稣的那个12门徒从来没有看见过像今天这样发怒的耶稣。

耶稣命令门徒们把那些鸟笼的盖子打开，他自己率先打开了鸟笼的盖子，并大声斥责说："你们呈献污秽的牲品，天主绝对不会高兴的。"

因为耶稣的这个举动十分突然，这让卖鸽子的那些商人都措手不及，一下子就有几百只鸽子飞向天空。广场的群众欢呼了起来，大家见到他们痛恨的商人的鸽子都飞走了，心情十分激动。

耶稣大声告诉他们说："这里是圣殿！不是贼窝！"很多朝圣者都很赞同耶稣这样的说法。

耶稣后来又跑到兑换钱币的地方，打算斥责那些商人一顿，兑换钱币的商人一看到耶稣跑来，立刻跟耶稣发生了冲突。

商人阴阳怪气地说："你算什么东西？我们是得到祭司允许的。"

耶稣当众指责他们以不当的手段获利。

在耶稣的指责下，兑换钱币的商人只好说出了实话，说祭司要求他们给好处，他们也只好在朝圣者的身上找回来了。听到这些事实，耶稣还想再指责他，但是早有人把桌子翻倒，堆积如山的钱滚落满地。

突然之间，一桌又一桌的钱币被推倒了，但是谁都不捡地上的钱。这些商人看到之后很害怕，连忙捡起掉在地上的钱币灰溜溜地逃走了。

就这样，在耶稣的带领下，祭品的摊位继续被推翻，广场上跟炸开了锅似的鼎沸了。

刚开始那些祭司们以为有人在打架，但是后来见到天空中全是鸽子，满地都是钱币，感到十分不解，忽然有一位商人匆匆跑来报告说出大事了，来自拿撒勒的耶稣把所有的祭品都毁掉了。于是，两三个祭司的首领匆忙跑到广场来看个究竟。

祭司们想尽了各种办法去镇压喧哗的人们，后来他们来到祭品的摊位前，看到所有的祭品都被扔在了地上。

就在此时，他们突然听到耶稣那洪亮而清晰的声音："大家都应该知道吧！《圣经》上说：'我的圣殿，是用来祈祷的。'而你们这些人却把它当成贼窝了，更让人生气的是，你们这些受人尊敬的祭司们竟然做这种勾当！这些污秽的祭品，天主真的会喜欢吗？"

这时，有一位祭司大吼一声，想借此打断耶稣的讲话。但是耶稣完全不理他们，继续严厉指责他们说："玷污圣殿的就是你们这些假慈悲、假慈善的人！"

后来有个祭司没好气地问："你就是拿撒勒的耶稣？"

耶稣义正词严地说："不错，我今天是来清除圣殿的污秽的！你们看，这些亵渎殿堂的东西，已经全都坏了，天主这时候应该很庆幸这些肮脏的祭品没有供奉在他的祭坛上。还有，你们这些可恶的祭司在圣殿中做非法的买卖，谋求不正当的财富，已经犯了亵渎神明的罪。而且，你们都看到了，这里的祭品比别的地方贵五六倍，这让穷人买不起祭品来奉献天主，你们就这么看着，于心何忍？那些穷人痛苦流泪，而你们却榨取他们的血汗钱，以此中饱私囊。你们这种行为就是从孤儿嘴里夺取食物，从寡妇身上抢走衣服，以此积聚你们的财富，天主要的是仁爱与慈悲而不是祭品，你们这些祭司没有一点爱心，也没有一滴慈悲的眼泪，你们有的只是贪婪的心。"

这一通严厉的说辞让这些祭司十分震惊，他们看着耶稣又羞又怒，很是气愤。但是这时候还听得见群众狂热地支持耶稣："耶稣的话已经说出了我们的心声，我们只是敢怒不敢言。""祭司都是混蛋！""你们都是偷祭品的恶魔！"……

顿时广场上怒声四起，祭司们吓得抱头鼠窜，灰溜溜地逃走了。

耶稣的门徒们都清楚耶稣平时不与人争，并经常教诲他们要爱自己的仇敌，善待恨自己的人，祝福诅咒自己的人，为凌辱自己的人而祷告，如果有人打你右边的脸，就把左边的也让他打，有人抢你的外衣，那么你把里衣也给他，有求于你的，就帮助他，有向你借贷的，千万不能推辞。

但是今天的耶稣好像完全变成了另外一个人似的，用针砭时弊的言辞揭发那些祭司们的恶行。所以他们很担心祭司会采取报复耶稣的行动。为了保险起见，当天晚上他们没有回伯大尼，而是从耶路撒冷越过汲沦溪，在橄榄山下的客西马尼园的朋友家过夜。

就在当天晚上，大祭司们果真召集所有的部属在圣殿讨论当天发生的事情。

耶稣的那种过激言辞完全揭穿了他们假仁假义的面具，他们实在是恨透了耶稣。于是大祭司下达命令说要置耶稣于死地。

大祭司还说如果不这么做的话，他们害怕今天的事还会再发生，如果总是如此，对祭司们将会是一个很大的打击。大祭司分析说，现在人们相信了耶稣的话，以后就不会再来耶路撒冷，他们不仅在那么多朝圣者面前受尽侮辱，而且这已经威胁到了他们的生活，只要耶稣活着一天，他们就不能有一天安宁。但是，现在有很多百姓围在他的身边，不能草率地下手，因为那样会招致百姓的愤怒，尽量在没有人的地方抓住他。

就这样，圣殿的大祭司们对如何抓捕耶稣进行了详细的讨论，直到深夜才散会。

但是耶稣的敌人，不只有祭司这么简单。罗马总督彼拉多的部下，向总督详细地报告了今天发生的事情。彼拉多听到后也很担忧，他觉得耶稣应该是一个极度危险的人物，如果只是传教还没有太大关系，但要是煽动那些无知的犹太人造反，情况就十分不妙，于是他命令手下在暗中盯着耶稣，如果觉得有异样就立刻将耶稣逮捕。

犹大的背叛

到了第二天，耶稣仍然带着他的 12 个门徒到了圣殿的广场。现在只有极少数的祭品摊位仍然摆在圣殿广场的角落里。

因为昨天的骚动已经传到每个朝圣者耳里了，所以大家一看到耶稣，就热情地将他围起来。于是，耶稣就在一个长廊的角落里开始讲道。

谁也不知道，人群中竟然有罗马总督彼拉多和祭司的密探，他们都在寻找机会找耶稣的麻烦。耶稣虽然早已经看清他们的阴谋，但是仍然十分镇静地讲道，耐心地回答听众的询问。

有人问耶稣："先生，我们有必要缴税金给罗马皇帝吗？"

这时候，耶稣立刻感觉到这个问题问得很不寻常。如果说应该缴税，那么法利赛派会告他卖国；如果说不该，那么就会触犯罗马的法律。

于是，耶稣掏出了一毛钱，当众举着问大家："请问，钱币上铸的像是谁？"这时候人群中有人说是恺撒（罗马大帝），耶稣立刻点点头说："是的，那么恺撒的东西应当还给恺撒，而天主的东西应当还给天主。"耶稣这样回答，让想为难他的人终究没有得逞。

后来又有人问道："先生，祭司和礼拜堂的长老都说祭品越多越有诚心，那么您昨天赶走那些在圣殿广场的摊子，如果出现了有人想买祭品呈献天主但是没有祭品可买的情况，会不会招惹神怒呢？"

耶稣心想，虽然这个问题提得很客气，但是十分尖锐，这个人必然是祭司的手下，耶稣立刻识破了他的意图。

于是耶稣镇静地回答他说："我们信奉天主，并不是在于祭品的多少，最关键的是尽自己的心、尽自己的情、尽自己的力、尽自己的智，然后我们还要爱人如己。请大家铭记这两条诫命，因为这比节日的热闹和祭品的多少，更能让天主愉悦。"

耶稣十分清晰地回答了这个问题。在圣殿祭司们的面前说祭品的贵贱不是信奉天主最重要的事，这需要莫大的觉悟和勇气。人们听了耶稣的这些话都很震惊，而耶稣的门徒们更是为他担心，但是现在没有一个人进行反驳。

这时候，第三个人又发难了。这个问题比前两个更恶毒，暗含更深的陷阱。那个人问："请问以色列真的会出现新的国王吗？到那时会盖一所比现在更漂亮的圣殿吗？"

大家听了之后更是为耶稣担心了。但是耶稣没有丝毫考虑，他直了直身子，满怀信心地说："这个圣殿是希律王花了 48 年的时间建造的，但是还没有完全建好。这么美丽的圣殿，要毁灭实在是太容易了，马上就可以将它变成石块和瓦砾。之前罗马跟以色列打仗，罗马兵曾经两度攻打这座圣殿，假如犹太人顽抗，今天圣殿早就成为废墟了。但是天主所建的圣殿跟这个不同，天主三天就能建造一座圣殿，而那个殿堂永远不会被摧毁。那时候犹太人的新国王必定会诞生。"

对于这个回答，听众由衷地赞叹。从来没有任何一个牧师敢明确地讲解天国与人心的伟大，更没有人敢在罗马兵的刀枪监视之下说出"罗马兵曾经两度攻打这座圣殿，假如犹太人顽抗，今天圣殿早就成为废墟了"的话。

耶稣在正义面前，毫无畏惧地指责暴力。这才是犹太民族所等待的弥赛亚（救世主）啊！很多人听了之后十分感激耶稣，对耶稣的尊敬之情更加深厚。

正当人们如痴如醉地聆听耶稣传教的时候，在圣殿院子的一个角落里，有人却在计划恐怖的阴谋。

这时候，伪装成听众的不明身份的人，看到耶稣旁边的门徒犹大，就走近犹大，扯了扯他的衣袖。犹大猛一回头，吓了一大跳。那个人又用力地扯了一下他的衣袖，示意让他过来。

犹大点了点头，缓缓走到听众的后面。原来这个人是罗马总督派出来打听以色列民情的密探。他是犹太民族的耻辱，他到处探听同胞有没有独立运动的预兆，一旦发现就马上禀报罗马总督，是拘捕运动的首脑人物。不仅如此，这个人还介入祭司与商人之间做中间人，赚取各种不法钱财。

当然，犹大不会知道他做的这些事情。犹大是通过其他途径认识这个人的。这个人以前跟犹大一样是做地毯生意的，那时候两人经常一起经商，在一起吃喝玩乐。他很会赚钱，犹大还曾经跟他借过几次钱。

凡忠厚老实的商人都不喜欢跟这个人来往。但是不知道为什么，犹大竟然与他一直很投缘，而且一直保持来往。现在，犹大跟他是近几年来第一次碰面。

他拉着犹大离开了听众，一起走到广场边的粗石柱旁。他回顾一下，看到周围没有人，就在犹大耳边嘀嘀咕咕，不知说了些什么。

犹大听到这个人的话以后，脸色苍白，直冒冷汗。后来他们密谈了大概一个小时，没有人知道他们说了些什么。

广场的这边，人们仍然聚精会神地听着耶稣传教。

其实在这之前，广场有十几个传教士，节日期间他们都在广场上进行传教活动。但是在那次广场事件之后，耶稣的名气又提高了不少，人们都不再听别的传教士讲道，只围着耶稣听他讲道。后来听耶稣讲道的人越来越多，已经到了人山人海的地步，甚至别的传教士都过来听耶稣讲道。

那个人与犹大密谈完之后，犹大面色铁青地返回了耶稣的身边，而那个人也急匆匆地走向大祭司的家。

这个时候，那个人的脸上露出奸诈的笑容。大祭司该亚法听到这个人的报告之后，吓得跳起来，他迫切地追问道："你说什么？耶稣说他要毁坏圣殿，用自己的力量在三天之内建造新的圣殿？还说他要当犹太王，这是真的吗？"

大祭司简直不敢相信自己的耳朵："那么他是想造反了。这得赶快报告总督彼拉多。他好大的胆子！明明知道罗马士兵在场，还敢骂罗马人，耶稣名声越来越大，可能真的会造反。那就按照约定，今晚带犹大来这里，从现在开始严密监视他的一举一动！"后来，大祭司还从柜子里取出银壶，拿出几块金币赏给了那个人。

那个人走了之后，大祭司独自坐下来沉思，然后一直在自言自语，想着拘捕耶稣的最好办法。

当天夜里，耶稣的门徒犹大从大祭司的后门偷偷溜了出来，他一边走一边想事情，而且越想越害怕。

犹大听说罗马总督和大祭司要用造反的罪名拘捕耶稣，而他的门徒也同罪。

犹大打了一个哆嗦，心想，如果耶稣走出耶路撒冷一步，希律·安提帕就会逮捕他，总的来说，耶稣这次是插翅难飞了。他们说耶稣是以色列的叛乱分子？绝对没有这回事，自己和他在一起的时间那么长，最了解耶稣的个性。但是，犹大也有不明白的地方，如果说耶稣是真正的爱国者，那他为什么要破坏圣殿呢？耶稣的门徒西门也对一件事情感到非常不解，那就是既然信服耶稣是救世主的人那么多，为什么他不带领大家共同赶走罗马士兵呢？也许耶稣并没有那种革命的勇气和决心。

按照西门的想法，如果耶稣被逼得走投无路的时候就一定会站起来，耶稣如果真的是救世主的话，他一定有这种与众不同的力量。

犹大想着想着，渐渐地感觉到右手所拿的那个袋子很沉重，他打开一看，里面有 30 个银币。

"天啊！我竟然已经出卖了耶稣先生！"犹大现在都不敢再去想了。他听说门徒也要跟耶稣一起被钉死在十字架上，所以在害怕的情况下就出卖了耶稣。但是到了现在，无论他用什么样的理由为自己辩解，都只不过是他的自我安慰罢了。

现在犹大也不知道自己该怎么办了，他只是觉得很后悔，于是带着灰色的心情漫无目的地向前走着……

不同寻常的晚餐

过了今天就是逾越节，一般犹太人的家庭此时都在共进美餐。

那天晚上耶稣就在耶路撒冷一位信徒的家里吃晚餐。他上午没有去圣殿的广场，而是在橄榄山的一位朋友家安静地度过。

这是一直都处在忙碌状态的耶稣来到耶路撒冷之后第一次能够安安静静地休息半天。

这时的耶稣显得很沉默，他没有跟他的门徒聊天，只是单独在埋头思考问题。耶稣早就预料到等候着他的是什么样的命运。

他独自想着：我来耶路撒冷传教是为唤醒人们走向天主之国，使他们在节日过完之后能够回到家乡传播我的大道。我从各地传播福音到现在，没有一次比现在的人数多。我从来没有用比现在更严厉的言辞、更强烈的行为在大家的眼前表达天国的真理。虽然我一下子收了这么多信徒，但同时恨我的敌人现在更加憎恨我了，早就预谋着不择手段地来对付我吧！我想我随时都有可能被杀死，但是这如果是天主的旨意，即使被杀我也无怨言。一粒小麦落在地上如果不死，长大后只会是一粒。如果它死了的话就会变成几十甚至几百的新芽，如果因为我个人的死，能使世上的人心发出新芽，那么我的传教就有收获了。自从听过先知约翰讲道，在约旦河岸的荒野里听到天主的旨意之后，我已竭尽自己所能，能做的已经都做了，我现在已经能够不带遗憾地回到天主的身边去了。

想完了这些，耶稣的心情突然变得很愉悦，于是他打算吃一顿十分快乐而丰富的晚餐。

他的门徒彼得与约翰听了耶稣的吩咐，兴高采烈地跑到市场购买晚餐的食物——葡萄干、核桃、枣子、葡萄酒和逾越节晚餐不能缺少的苦菜、无酵面包。苦菜和无酵面包是以

最后的晚餐雕像

前祖先逃难时候吃的食物。

过了午后，很多人家听到了圣殿安多尼塔的钟声之后，就全家团聚在一起吃饭。于是耶稣也和门徒们起火烤羊，准

备晚餐。

房间的中间排着一张长形的桌子，桌上放了很多食物。于是大家都按照仪式的礼法，先洗手，再洗脚。

耶稣突然不知道想到了什么，他竟然脱了上衣，捧着水替他的弟子们洗脚。

他的弟子彼得惊讶地望着耶稣，打算挪开自己的脚。

耶稣没有生气，只是轻轻地说道："彼得，你今天不让我洗，那么你就不是我的门徒。"

门徒们虽然都对老师的举动感到惊诧，但是后来彼得的话却逗得大家都笑了起来，他说："那么就连手和头都请您洗一洗吧！"

耶稣按顺序给他的 12 位弟子洗脚，等到犹大的脚洗完之后，就对门徒们说："你们懂得我刚才所做的事吗？你们称我为师、为主。不过你们称呼得对，我确实是师、是主，我以师和主的身份都能够洗你们的脚，你们彼此也该互相如此，我以身作则是叫你们也学我。"

耶稣讲完之后，就虔诚地祈祷，与 12 个门徒坐在一起吃饭。

正吃到一半的时候，耶稣告诉他们，这些门徒当中有一个人出卖了他。

弟子们听了之后十分惶恐，他们都担忧地问是不是自己。耶稣回答说，同我蘸手在盘子里的，就是出卖我的人。

每个人必要去世，正如经书上所写的。但是出卖人的人有祸了！那人不生在世上倒好。

出卖耶稣的犹大问耶稣是不是自己？耶稣说，你说得是。

正当他们继续吃饭的时候，耶稣拿起饼来祝福，然后劈开，递给门徒们让他们拿着吃，说是自己的身体。耶稣又拿起斟满葡萄酒的杯子祝福，递给门徒们喝，说这是他立约的血，是为多数人而流出来的。

耶稣后来又严肃地说："我告诉你们，从今以后，我不再喝这葡萄酒，直到我回到天国里，我才会和你们一起喝。"耶稣又带着他们唱了诗，大家出门朝着橄榄山走去。

但是在黑暗的道路上，谁也没有注意到犹大此时已经离开了他们。

抓捕

走在通往橄榄山的路上，耶稣对门徒们说，今夜你们因为我的缘故，都要跌倒，因为经书上记载：我要击打牧人，让羊群分散。但是等我复活之后，要在你们之前去加利利。

彼得跟耶稣说："我们虽然因为你的缘故跌倒，但是我却永远不跌倒。"

耶稣回答说："我实话告诉你，今夜鸡叫之前，你会有三次不认我。"

彼得坚定地说："我即使跟您一起死，也不会不认您。"

众门徒都这样说。

耶稣和门徒们来到一个地方，那个地方名叫客西马尼园，然后对他们说，等我去那边祷告。于是他带着彼得、雅各布、约翰往前走，走了一半，耶稣就让他们三人在岩石上休息，独自向前走，然后伏在橄榄树根上祈祷。

耶稣虔诚地向天主祷告了很久很久，那种心情和三年前在约旦河旷野向天主祈祷时一样。等到他来到门徒那里时，见他们睡着了，耶稣叫醒彼得说，怎么样，你们不能同我一样警醒吗？总要警醒祷告，免得入了迷惑；你们心灵固然愿意，肉体却软弱了。

于是耶稣又去祷告，回来的时候看见他们又睡着了，因为他们很是困倦。耶稣再次离开他们进行第三次祷告，说的话还是与先前一样。

接着，耶稣来到门徒那里，悄悄对他们说："现在你们仍然睡觉安歇吧！时候已经到了，我们已经被罪人出卖了。起来！我们走吧。你们看吧！出卖我的人来了。"

话刚刚说完，12位门徒里的犹大来了，而且后边跟着很多带着刀棒的人。

犹大给了他们一个暗号，说，我与谁亲吻，谁就是耶稣，你们就可以抓住他。犹大随即走到耶稣跟前请安，然后上前和他亲吻。

耶稣对他说，朋友，来做你要做的事吧！于是那些人上前抓住耶稣。有个跟随耶稣的人伸手拔刀，向大祭司的仆人砍了一刀，削掉了他一个耳朵。

耶稣制止他说，收刀入鞘吧！凡动刀的人，必死在刀下。耶稣转身又对众人说，你们带着刀棒过来逮捕我，如同逮捕强盗。但是我每天都坐在殿里教训人，你们却并没有捉我。

这时候，耶稣的门徒都离开他逃走了。耶稣向前走，他的脸上神采飞扬。逮捕了耶稣的差役们在路上对耶稣用棍棒打，又用脚踢，然后把他关在总督官舍附近的牢狱里。

看牢的人根本不知道耶稣是什么人，只是听说他自称"犹太人之王"，作威作福，所以时常羞辱他。

他们将耶稣关入牢里后，把耶稣的双手、双脚都缚起来，用白布蒙住他的眼睛，用敲头、打耳光等各种方法折磨他。

这时候，他的门徒彼得正往橄榄山逃跑。跑到一半突然停住，他心想不能眼睁睁看着老师被害，于是又回头来追逮捕耶稣的队伍。

彼得远远地跟着逮捕耶稣的队伍，跟到总督官舍附近的广场上，队伍来到中门的时候，彼得想混进去，却被看门的人看到了。看门人怀疑他是耶稣的同党，但是彼得立刻否认了，看门人还是觉得奇怪，因为他有加利利人的腔调，而耶稣的弟子都是加利利人。

彼得吓了一跳，慌忙解释说他从来就没有跟耶稣讲过话，只是来看今晚的热闹。他说完后，急匆匆地走开了。

这时候，正好听到鸡啼声，天快亮了。彼得边跑边自言自语："对不起，在您最需要我的时候，我却逃跑了，而且还不承认是您的弟子，我对不起您！"

连夜审问

大祭司一整夜都没睡，他在等逮捕耶稣的报告。直到凌晨两点多的时候听到耶稣已经被关进牢里的消息，他的一颗心才安定下来。

大祭司认为不赶快处决耶稣不行，如果拖延了时间，信服耶稣的人听到他被捕的消息，一定会来要人。于是他通报各议员，准备夜审耶稣。

这个议会是从犹太人中选出来的70个议员共同举行的，议长当然是大祭司。

没有预先通知，又在夜晚集会的做法颇不合情理，但是，大祭司急着在大祭之前定耶稣的罪。

不过当时到会的议员只有15个人。议会在殿堂里召开。

虽是说要开会，但因为事先没有通告会议的内容，所以议员没有什么准备，整个过程可以说是大祭司的独角戏。

大祭司该亚法宣读他事先准备好的文稿。

"耶稣的传教违背了先知摩西的律法，有意毁灭天主的圣殿。耶稣唆使民众拒绝缴纳罗马人规定的税金。耶稣曾经对民众说：'犹太人的王'出现了，以此来蛊惑民心，反抗罗马。他是扰乱以色列和平的反叛者。这就是他的罪状，耶稣该当死罪。"

而这些议员们听了大祭司的报告，丝毫没有反对的理由。于是该亚法命令押着耶稣到庭审问。

耶稣被带上来的时候，双手被绑着，衣服被撕得粉碎，而且已经被踢打得全身是血。

但是，当他来到议员们的面前时，没有一点畏惧，他抬头瞪着大祭司。

大祭司问耶稣："拿撒勒的耶稣，讲一些你认为最重要的教理来听听。"

耶稣连看都没有看他，只是低头不说话。

大祭司又问他："你回答不出来吗？"

耶稣瞥了他一眼，勉强地开口："我经常在圣殿和全国公开讲道，如果是我说得不对，你就指出我不对的地方。"

这时一个差役挥手打了耶稣一巴掌说："你胆敢这样回答大祭司？"

大祭司厉声地问："你说自己是弥赛亚（救世主），这是真的吗？"

耶稣又恢复了沉默状态。

大祭司又咆哮道："我以天主的圣名问你，你是否是弥赛亚？"

耶稣抬头瞪了他一眼，严肃地答说："对！我就是天主的圣子!"

"好，好!"大祭司听完耶稣的回答，欣喜若狂，因为这样就有罪名杀耶稣了。

就这样，审判结束了。但是，死罪必须经过罗马总督彼拉多的批准。于是大祭司决定把耶稣送往罗马总督的官舍。

这时候天亮了，锡安山上的太阳又升起来了。而出卖耶稣的犹大看到耶稣已经被定死罪，内心十分后悔，他把那30个银币还给大祭司和长老，说自己出卖了无辜之人，是有罪的。大祭司没有理他，觉得既然是犹大做的，就应当由他自己承担。

犹大失魂落魄地把银币丢在殿里，出去上吊自杀了。

定为死罪

在天还没有亮之前，总督彼拉多的官舍之前早就聚集了很多民众。著名的传教士耶稣在今天要接受审问的消息，瞬间传遍了整个耶路撒冷城。

彼拉多正在疑惑的时候，大祭司的使者送来一封信。信中写着："现逮捕一个犹太省出生的叛逆者耶稣。他对以色列、罗马来讲都是重要犯人，所以时间不能延缓，请您立刻审判这个人，他的罪状都写在附条上。"

彼拉多多次听人说起过耶稣这个人，他还特别注意到

"对罗马是重要犯人"这几个字，然后看了附上的调查书。调查书上说耶稣教唆百姓拒绝纳税。

此事非同小可，彼拉多立刻提审耶稣。

法庭设在广场的高台上，彼拉多端坐在中间最高的椅子上，右手边是大祭司，左手边低一点的地方站着被称为"犯人"的耶稣。

耶稣的双手被绑着，他的衣服又破又脏，从前一天晚上到现在，他都没有闭过眼，他的脸色苍白，憔悴瘦削。

今天早上，除了耶稣之外，还有两个强盗接受审判。但是彼拉多认为耶稣是重要人犯，所以先审那两个强盗，耶稣的审判留到最后。强盗的审问过程十分简单，两个人马上被判了死罪。现在轮到对耶稣的审判了。

彼拉多悄悄地警告大祭司："有关拿撒勒耶稣的那份调查书我已经看过了。但是要先有证据才行，对这个犯人传教的内容你可有证人？"

大祭司十分得意地回答说："证人有 5 个，都是有学问的人，而且人们都很尊敬他们，您放心，他们绝对不会撒谎。"其实，这五个证人全是那些对耶稣恨之入骨的法利赛派和大祭司的狐朋狗友，他们相互勾结陷害耶稣。当这些所谓的"证人"发表完证言之后，两个罗马士兵就押着耶稣走到了总督的面前。

彼拉多是按照罗马皇帝的规定收缴税金的，所以他厌恶那些犹太人在宗教上的争执。

他问耶稣："你对民众讲道的时候说不用缴纳罗马皇帝规定的税，是吗？"

耶稣义正词严地说："完全没有，我当时是说恺撒的东西还给恺撒。"

彼拉多又问："那么你是在阴谋造反吗？"

耶稣说道："这是不可能的，因为我从来都不曾参加过谋叛，拿刀杀人是违背天主的旨意的。"

彼拉多考虑了一下，觉得这和大祭司说的有很大的出入，因为至少耶稣对罗马帝国没有什么影响。

于是彼拉多又改变了问法："你确实是犹太王吗？"

耶稣镇静地说："我的国不属于这个世界，我的国是天国，我为这个使命而生，也为此来到世间，特来为真理作证。如果谁向着真理，谁就会听我的话。"

这个时候彼拉多开始犹豫不决了，因为耶稣这么说是不能被定罪的，这明显就是犹太人宗教上的争执。

彼拉多冷冷地对大祭司说："据我审问，没有耶稣阴谋反叛罗马的证据，这些理由不能构成他的死罪。"

这下大祭司他们可慌了。那些所谓的"证人"和大祭司的部属开始向彼拉多陈列耶稣的罪状，蛊惑彼拉多，希望能够将他定为死罪。

这个时候广场上传来群众的声音。有人说应该释放耶稣，也有人说应该杀死耶稣。

于是，彼拉多向群众大声地说："你们羁押这个人到我这里，有人说他鼓惑人们，而且我也按照你们的控告在你们面前当众审问了他，但是并没有查出罪状，所以他应该没有犯下死罪。你们习惯到逾越节就要释放一名罪犯，你们就释放他吧！"

这时候台下又是一阵喧哗，救耶稣与杀耶稣的呐喊声四起。

"绝对不能释放他，除掉此人，放巴拉巴给我们。"

巴拉巴是一位犹太独立革命的首领，被判了死刑，犹太人对他颇有好感。一听"巴拉巴"，群众的喧哗声更大了。

彼拉多又反复考虑：如果救耶稣，那实在是太简单了。但是救了他，对自己也没有好处。如果把他判成死罪，杀一儆百，这样那些犹太人就不会再轻举妄动了，而且那些祭司们和地位较高的犹太人看来都对这个耶稣恨之入骨，借此机会顺着他们的意思，还能够做个人情。

彼拉多打定主意时，婢女送来一封信。

让他感到意外的是，信是他的夫人写来的。信里这样写着："请不要处死这位有正义感的人，因为今天我在梦中，为他受了许多苦。"

彼拉多看完信后再度犹豫不决。大祭司和长老挑唆众人，请求释放巴拉巴，要耶稣死。

彼拉多对众人说："这两个人，你们要我释放哪一个？"

大家都说："巴拉巴。"

彼拉多只好决定释放巴拉巴。

彼拉多问那些祭司和法利赛派："既然是这样，那么我该如何处置耶稣呢？"他们立刻说，把耶稣钉在十字架上。

这时候彼拉多觉得多说无益，当众洗了洗手，说处死耶稣，这个罪过不是他造成的，而应由那些犹太人自己承担。

大家都回答他说，他的血归到我们还有我们的子孙身上！于是彼拉多命人将耶稣鞭打之后，把他钉在十字架上。

受尽各种屈辱

士兵押着耶稣走进了牢狱。

牢狱中的那些大祭司的手下还有一些可恶的罗马士兵早就等着他了。当听说耶稣已经被判了死刑，他们就开始不断折磨他。他们认为耶稣已经是个死囚犯，在死之前好好折磨他取乐也不错。

他们将耶稣围了起来，脱掉他的衣服，给他穿上红色的袍子，还用荆棘编了一个冠冕，让他戴在头上，又给他找了一根根芦苇，大家都跪在他的面前，嘲讽地说："大家快看看，这个王真是神气啊！"

说完之后他们开始往耶稣脸上啐口水，用芦苇打他的头。他们把耶稣戏弄完了之后，给他换上之前破旧的衣服，押着他出去，准备钉十字架。

刑场在耶路撒冷郊外被称为"各各他丘陵"的小山上

面。按照当时的习惯，死囚犯都要自己背着十字架走到刑场接受死刑。

这个十字架高 4 米，宽 2 米，厚约 1 米，重 60 公斤，可想而知，背着这个十字架走到刑场是十分辛苦的，耶稣缓缓地拖着十字架前行，但是护卫的士兵觉得他走得太慢，一直用鞭子抽他。

耶稣就这样走走停停，浑身都是血和汗，他踉踉跄跄地走着，但是眼神还是那么的坚定。

这个场景实在是太惨烈了，后来看得护卫队队长也起了怜悯之心，他顺道抓了旁边一个看热闹的人，命令他替耶稣背着十字架。

这一天刚好是逾越节，耶路撒冷圣城的百姓都放假了。当圣城的人知道耶稣被判了死罪时，大家都过去观看，崇信耶稣的人们都觉得这不是真的。

耶路撒冷的街道只有 3 米宽，而且两侧的房屋紧密相邻，就是在如此狭窄的道路上竟然挤了好几万人，这让耶稣更是寸步难行。无奈之下护卫的士兵们只好围在耶稣前后，驱赶人群。而耶稣的那 11 个曾经都因为害怕而逃跑的门徒们此时也赶了过来，跟在老师的后面，欲哭无泪。

后来人们才发现，有几个跟在耶稣门徒们后边的妇女，她们哭得撕心裂肺、呼天抢地。原来那几个人是从拿撒勒赶到耶路撒冷朝圣的耶稣的老母亲玛利亚和他的妹妹们。

之前，耶稣的母亲玛利亚听说耶稣现在已经是全国著名的传教士，而且他自己有着许多信徒以及希律·安提帕总是想找机会杀了他等消息之后，她就抱着来耶路撒冷也许能够看到儿子的希望参加了朝圣团。

但是等到玛利亚抵达耶路撒冷的那一天，她就听到耶稣在广场上的事情，她很为儿子担心。

正当耶稣被好几千个信徒围着进行讲道的时候，他的母亲玛利亚见到了他，她想上前去找他，但是当时人太多，她没有办法挤到前面，无奈之下只好静静地站在外边听着自己的儿子传教的很熟悉的声音，一边听着一边擦着激动的泪水。

玛利亚最初见到耶稣的时候还没有认出他来，她以为是别人，等到一块儿过来的亲戚告诉她那是耶稣时，她都不敢相信是真的。当她见到有那么多人围着耶稣，很痴迷地听他传教的时候，做母亲的心里十分欣慰。

玛利亚一直希望过了逾越节之后，能够母子重逢，如果有时间的话还可以跟耶稣一起回到故乡。

可是，过了一个晚上之后，所有的情况都变了。

就在早上的时候，玛利亚还愉快地跟村里人吃早餐。后来她听人说他们家乡的耶稣要被钉死在十字架上时，立刻晕了过去，醒过来也不认为这是事实。

而现在，做母亲的也在自责，她为什么不在那时候挤进去见儿子一面，也许这一切都是天意！

玛利亚一心只想着在儿子接受死刑之前见他一面，她被人扶着快速来到街道上，但是现在街上早就挤满了人。不过上次她就错过了一次好机会，这次绝对不能再错过了。玛利亚拼了命地向前挤，但是等到挤进去之后，她见到的耶稣跟之前已经判若两人，他的身体被沉重的十字架压着，浑身是血，蹒跚前行，玛利亚心中一阵翻江倒海，她受不了这个场景，又昏死过去了。

等到玛利亚醒过来的时候，她拼命地喊着儿子的名字，被女儿搀着，一路哭着跟在耶稣后面。

圣人之死

小小的各各他的丘陵，在耶稣他们没有到达之前早已经是人山人海了。

丘陵上每相隔 10 米的地方挖了 3 个竖立着十字架的洞，而中间的洞留给将要行刑的耶稣，左右两边的洞是留给同一天要处死的两个强盗。谁也没有想到，他们的救世主耶稣竟然与被世人唾骂的贼盗一起被处死，这是何等的讽刺！

那些士兵把耶稣一路辛辛苦苦背过来的十字架竖立在洞中，十字架的上方写着他的罪状。

这时候，一个士兵拿了一种由动物的苦胆调制的烈酒让耶稣喝，耶稣喝了一口，顿时觉得胸中难受，再也不想喝了。

于是，士兵们开始松开绑着耶稣的绳子，脱去他的衣服，让他卧在十字架之上，士兵们手中持着钉子，举着锤子，把他的手和脚钉上十字架。

他们每钉一下，耶稣的鲜血就涌出来一次。

人们觉得这是最残酷的死刑，都不忍心看，就转过头去闭上眼睛。

等到士兵们将耶稣钉在十字架上的时候，他们抓阄分他的衣服。

就这样，三个十字架同时竖立着。

围在山上观看的群众都觉得这种场景实在太过凄惨，而且钉在十字架上的犯人还要忍受风吹日晒，直到他们被折磨至死。

这是多么残忍的刑罚啊！

当人们看到钉在十字架上的耶稣时，都陆续地跪倒在地，一边祈祷，一边痛哭。而那些曾经痛恨耶稣的人和士兵此时都在嘲讽他，笑着说他既然是以色列的王，现在就应该有办法从十字架上下来。还说他既然能救别人，为什么不能救自己，实在是可怜。更有人说，耶稣说过他可以在三天之内重新修盖被毁灭的圣殿，既然有这种能力，为什么不救救自己。这些嘲讽的话不绝于耳，耶稣在十字架上忍着痛苦，两眼紧闭，他用尽力气向天祷告："我父啊！请宽恕他们吧！他们不知道自己做的是什么事！"

听到耶稣这句话的人们，甚至连刚才还嘲笑讽刺他的

耶稣被钉死在十字架上

人都被他的话深深地触动了。

这时候，耶稣已经痛苦不堪，他的脸因为过度疼痛而变得扭曲，身体因为支持不住开始下坠，被钉着的手和脚的孔洞开始流血。

在旁边观看的人们再也忍受不了这种惨烈的场面，都匆忙回家了。

刑场上最后留下来的只有看守犯人的士兵，还有一直都在哭泣的二十几个人。

早已经筋疲力尽、苦不堪言的耶稣努力地睁开了双眼，他看了看脚下还有什么人。

在耶稣的脚下，他看到了久违的母亲玛利亚和曾经逃跑了的门徒约翰。

"哦，我亲爱的母亲！在我死之后，我的门徒约翰会照顾您的。约翰，我的母亲就拜托给你了！"

一会儿，他们又听见耶稣说："我父啊！我现在就将我的灵魂交给你。"说完，耶稣溘然长逝了。

那是午后3点。阳光洒在竖立的十字架上，散发出奇特的金色光辉。

就这样，伟大的耶稣在被钉在十字架上几个小时之后，他那伟大的灵魂挣扎着脱离了受尽万般苦痛的身体，轻盈地飞向了天际。

据说，耶稣死后第三天复活了，和门徒们一起生活了40天后升天而去。基督教认为，耶稣受难复活是战胜了死亡，从此死对基督徒来说不再可怕，这也表明耶稣的确是上帝之子，是世人的救世主。

耶稣的门徒们继承耶稣的遗志宣传天国的福音，大约公元43年，耶稣所创立的教派的门徒都相信耶稣是弥赛亚（希腊文译作"基督"），他们在安提阿开始被称为"基督徒"。后来，拿撒勒派逐渐脱离犹太教发展成基督教，拿撒勒人耶稣被公认为基督——救世主。后来，这个教派终于脱离犹太教成为一个独立的新宗教——基督教。